汽车类（图解版）中等职业教育系列教材

新能源汽车概论

主　编　蔡希贵　孔龙安
副主编　施晓强　杨　泽　谢　名　张生强
参　编　程　宽　吴明盈　宋　凯

北京理工大学出版社
BEIJING INSTITUTE OF TECHNOLOGY PRESS

版权专有　侵权必究

图书在版编目(CIP)数据

新能源汽车概论/蔡希贵，孔龙安主编. -- 北京：北京理工大学出版社，2019.8（2025.2重印）
ISBN 978 - 7 - 5682 - 7270 - 4

Ⅰ.①新… Ⅱ.①蔡…②孔… Ⅲ.①新能源 - 汽车 - 概论 Ⅳ.①U469.7

中国版本图书馆 CIP 数据核字（2019）第 142802 号

责任编辑： 多海鹏　　**文案编辑：** 孟祥雪
责任校对： 周瑞红　　**责任印制：** 边心超

出版发行	/ 北京理工大学出版社有限责任公司
社　　址	/ 北京市丰台区四合庄路 6 号
邮　　编	/ 100070
电　　话	/（010）68914026（教材售后服务热线）
	（010）68944437（课件资源服务热线）
网　　址	/ http：//www.bitpress.com.cn
版 印 次	/ 2025 年 2 月第 1 版第 6 次印刷
印　　刷	/ 定州市新华印刷有限公司
开　　本	/ 787 mm × 1092 mm　1/16
印　　张	/ 11.5
字　　数	/ 284 千字
定　　价	/ 44.00 元

图书出现印装质量问题，请拨打售后服务热线，负责调换

前　言

目前，我国新能源汽车总体保有量超过 100 万辆，目标到 2025 年保有量超过 2 000 万辆；目前，我国充电桩保有量 358.1 万个，目标到 2025 年达 2 000 万个。

随着新能源汽车产业链不断完善，及其在关键部件、充电基础设施等领域实现高速、健康发展，新能源汽车销量在汽车行业总销量中的占比逐步提升，至 2025 年将达到 15%~20%。新能源汽车的迅猛发展和快速普及，给汽车相关专业教学带来了新的挑战，同时也为职业院校带来新的发展机遇。

本书着重对新能源汽车的结构原理部分内容进行梳理和说明，并详细阐述发展新能源汽车的必要性、新能源汽车发展现状及趋势，以及新能源汽车技术路线和关键技术；并对新能源汽车三大技术，即电机驱动、驱动电机、动力蓄电池基础知识进行了详细介绍，希望读者能通过本书的学习，对新能源的概念及总体应用有一个比较全面、系统的了解。本书详细描述了纯电动汽车、混合动力电动汽车和燃料电池电动汽车的基础知识，简单介绍了其他新能源汽车；此外，对电动汽车用动力蓄电池、电动汽车电机驱动系统、电动汽车能源和回收系统、电动汽车充电技术等也进行了详细的介绍。全书内容充实全面，图文并茂，内容由浅入深，实用性较强。

本书立足于帮助学生建立基本概念，同时开阔视野，扩大知识面；另外，为了满足学生后续专业核心课内容深度的需求，本书还介绍了电池、电机、电控三大核心技术以及充电技术等，为实现与后续专业核心课程（新能源汽车电动驱动技术、动力蓄电池管理与维护等）的无缝对接起到了很好的铺垫作用。

本书共分为 6 个项目，每个项目由 1~4 个课题组成，每个课题又由理论部分和实操部分组成，同时每个课题配有相应的练习，达到"学－做－练"一体化的教学模式。建议 80~90 学时完成 6 个项目，也可以根据各学校实际情况确定学时数。

由于作者水平有限，本书难免有疏漏和不妥之处，欢迎读者批评指正、交流探讨，以便修改补充。

编　者

目录 CONTENTS

项目一 认识新能源汽车 ··· 1
1.1 新能源汽车的定义与类型 ····································· 1
实训项目 新能源汽车类型辨认 ································· 4
1.2 新能源汽车发展现状与趋势 ··································· 6
实训项目 新能源汽车相关政策查询 ····························· 21

项目二 新能源汽车基础 ··· 24
2.1 认识新能源汽车驱动电机 ····································· 24
实训项目 新能源汽车驱动电机辨认 ····························· 39
2.2 认识新能源汽车电机驱动器 ··································· 40
实训项目一 新能源汽车电机驱动器接口定义辨认 ················· 54
实训项目二 电机驱动器拆装（选修） ··························· 55

项目三 混合动力汽车 ··· 59
3.1 认识混合动力汽车的结构 ····································· 59
实训项目 新能源汽车常见指示灯辨认 ··························· 70
3.2 混合动力汽车的分类和工作原理 ······························· 72
实训项目 混合动力汽车基本操作 ······························· 83

项目四 纯电动汽车 ··· 88
4.1 纯电动汽车基本结构与原理 ··································· 88
实训项目 纯电动汽车主要部件识别 ····························· 103
4.2 典型纯电动汽车实例 ··· 107
实训项目 纯电动汽车仪表信息的认知与充电操作 ················· 117

项目五　燃料电池电动汽车的认知 …………………………………… 124

5.1　燃料电池电动汽车概述 ………………………………………… 124
实训项目　燃料电池电动汽车技术参数识别 ………………………… 135
5.2　燃料电池电动汽车的结构原理 ………………………………… 138
实训项目　燃料电池电动汽车主要部件识别 ………………………… 150

项目六　电动汽车日常维护安全常识 …………………………… 153

6.1　电动汽车日常维护安全常识 …………………………………… 153
实训项目　电动汽车 PDI 检测 ………………………………………… 173

参考文献 ……………………………………………………………… 178

项目一 认识新能源汽车

新能源汽车是指采用非常规的车用燃料作为动力来源（或使用常规的车用燃料，采用新型车载动力装置），综合车辆的动力控制和驱动方面的先进技术，形成的技术原理先进，具有新技术、新结构的汽车。本项目为了让学生全面认识新能源汽车，将从两个课题，即课题1"新能源汽车的定义与类型"、课题2"新能源汽车发展现状与趋势"进行展开，介绍新能源汽车基础知识。每个课题配有练习或实操，让学生对新能源汽车有一个更深的认识。

1.1 新能源汽车的定义与类型

学习目标

1. 掌握新能源汽车的定义。
2. 了解新能源汽车的分类。
3. 会辨认新能源汽车的类型。

一、新能源汽车的定义

依据中华人民共和国工业和信息化部2017年1月16日发布的第39号部令《新能源汽车生产企业及产品准入管理规定》中第三条，对新能源汽车的定义如下：

新能源汽车是指采用新型动力系统，完全或主要依靠新型能源（不包括铅酸蓄电池）驱动的汽车，主要包括插电式混合动力（含增程式）汽车、纯电动汽车和燃料电池电动汽车。

二、新能源汽车的类型

新能源汽车包括纯电动汽车、插电式混合动力（含增程式）汽车、混合动力汽车、燃料电池电动汽车、氢发动机汽车以及其他新能源汽车等。

1. 纯电动汽车

纯电动汽车是一种采用单一蓄电池作为储能动力源的汽车，它利用蓄电池作为储能动力源，通过电池向电动机提供电能，驱动电机运转，从而推动汽车行驶。图 1-1-1 所示为国外主流纯电动汽车——特斯拉。

图 1-1-1　国外主流纯电动汽车——特斯拉

纯电动汽车的优点在于技术相对简单成熟，只要有电力供应的地方就能够充电。但目前蓄电池单位质量储存的能量太少，且电动车的电池较贵，又没形成经济规模，故购买价格较贵。

有专家认为，对于纯电动汽车而言，目前基础设施建设以及价格影响了其产业化的进程，与混合动力汽车相比，纯电动汽车更需要基础设施的配套，而这不是一家企业能解决的，需要各企业联合起来与当地政府部门一起建设，才会有大规模推广的机会。

2. 插电式混合动力汽车

插电式混合动力汽车是一种配有地面充电和车载供电功能的纯电驱动的电动汽车，其运行模式可以根据需要处于纯电动模式、增程模式或混合动力模式，是介于纯电动汽车和混合动力汽车之间的一种过渡车型，具有纯电动汽车和混合动力汽车的特征，有人把它划分为纯电动汽车范畴，也有人把它划分为混合动力汽车范畴，认为它是一种插电式串联混合动力汽车。图 1-1-2 所示为比亚迪（秦）插电式混动版电动汽车。

图 1-1-2　比亚迪（秦）插电式混动版电动汽车

3. 混合动力汽车

混合动力汽车是指驱动系统由两个或多个能同时运转的单个驱动系统联合组成的车辆，车辆的行驶功率依据实际的车辆行驶状态由单个驱动系统单独或多个驱动系统共同提供。因各个组成部件、布置方式和控制策略不同，混合动力汽车有多种形式。

混合动力汽车一般又分为常规混合动力汽车和插电式混合动力汽车，后面不做特殊说明的混合动力汽车主要是指常规混合动力汽车。图 1-1-3 所示为丰田普锐斯混合动力汽车。

图 1-1-3　丰田普锐斯混合动力汽车

根据在混合动力系统中电动机的输出功率在整个系统输出功率中所占比例，也就是常说的混合度的不同，混合动力系统还可以分为以下四类：

①微混合动力系统（BSG 系统，发电起动（Stop-Start）一体式电动机或加强型起动机）。
②轻混合动力系统（ISG 系统，混合度一般在 20% 以下）。
③中混合动力系统（ISG 系统高压电动机，某些工况可纯电行驶，混合度一般在 30% 左右）。
④完全混合动力系统（可纯电行驶，混合度超过 50%）。

4. 燃料电池电动汽车

燃料电池电动汽车是利用氢气和空气中的氧在催化剂的作用下，在燃料电池中经电化学反应产生的电能作为主要动力源驱动的汽车。燃料电池电动汽车实质上是纯电动汽车的一种，主要区别在于动力蓄电池的工作原理不同。一般来说，燃料电池是通过电化学反应将化学能转化为电能，电化学反应所需的还原剂一般采用氢气，氧化剂则采用氧气。最早开发的燃料电池电动汽车多是直接采用氢燃料，氢气的储存可采用液化氢、压缩氢气或金属氢化物储氢等形式。图 1-1-4 所示为奔驰 B 级燃料电池电动汽车。

图 1-1-4　奔驰 B 级燃料电池电动汽车

项目一　认识新能源汽车

5. 氢发动机汽车

氢发动机汽车是以氢发动机为动力源的汽车。一般发动机使用的燃料是柴油或汽油，氢发动机使用的燃料是气体氢。氢发动机汽车是一种真正实现零排放的交通工具，排放出的是纯净水，其具有无污染、零排放、储量丰富等优势。

6. 其他新能源汽车

其他新能源汽车包括使用超级电容器、飞轮等高效储能器的汽车。

目前在我国，新能源汽车主要是指纯电动汽车、增程式电动汽车、插电式混合动力汽车和燃料电池电动汽车，常规混合动力汽车被划分为节能汽车。

目前新能源汽车都没有规模化量产，有的有销售但未规模化，如纯电动汽车和插电式混合动力汽车；有的还处于研发阶段，如燃料电池电动汽车。

实训项目　新能源汽车类型辨认

（一）工作准备

（1）分组，确定小组长，明确其组员分工。

（2）防护装备：无。

（3）车辆、台架、总成：新能源整车或挂图、模型；能连接互联网的计算机或移动终端。

（4）专用工具、设备：无。

（5）手工工具：无。

（6）辅助材料：无。

（二）实施步骤

（1）参观新能源汽车实训中心，了解新能源汽车的基本结构，开展新能源汽车专业认识。

（2）用手机扫一扫本课题中的二维码，观看不同类型的新能源汽车介绍。

（3）利用互联网，在搜索引擎中查找我国生产的新能源纯电动汽车有哪几大品牌，要求记录每一品牌的代表性车型，并记录主要技术参数（5个品牌以上）。

新能源电动汽车品牌1：＿＿＿＿＿＿；主要代表车型：＿＿＿＿＿＿。

车辆主要技术参数：

①车辆外形尺寸：＿＿＿＿＿＿＿＿＿＿＿＿＿＿＿＿＿＿＿＿＿＿＿＿＿＿＿＿＿＿＿＿＿＿＿

②车辆自重：＿＿＿＿＿＿；续驶里程：＿＿＿＿＿＿。

③动力蓄电池类型：＿＿＿＿＿＿；动力蓄电池容量：＿＿＿＿＿＿。

④驱动电机额定功率：＿＿＿＿＿＿；驱动电机最大功率：＿＿＿＿＿＿。

⑤慢充充电时间：＿＿＿＿＿＿；快充充电时间：＿＿＿＿＿＿。

新能源电动汽车品牌2：＿＿＿＿＿＿；主要代表车型：＿＿＿＿＿＿。

车辆主要技术参数：

①车辆外形尺寸：＿＿＿＿＿＿＿＿＿＿＿＿＿＿＿＿＿＿＿＿＿＿＿＿＿＿＿＿＿＿＿＿＿＿＿

1.1 新能源汽车的定义与类型

②车辆自重：_____；续驶里程：_____。
③动力蓄电池类型：_____；动力蓄电池容量：_____。
④驱动电机额定功率：_____；驱动电机最大功率：_____。
⑤慢充充电时间：_____；快充充电时间：_____。
新能源电动汽车品牌3：_____；主要代表车型：_____。
车辆主要技术参数：
①车辆外形尺寸：_____。
②车辆自重：_____；续驶里程：_____。
③动力蓄电池类型：_____；动力蓄电池容量：_____。
④驱动电机额定功率：_____；驱动电机最大功率：_____。
⑤慢充充电时间：_____；快充充电时间：_____。
新能源电动汽车品牌4：_____；主要代表车型：_____。
车辆主要技术参数：
①车辆外形尺寸：_____。
②车辆自重：_____；续驶里程：_____。
③动力蓄电池类型：_____；动力蓄电池容量：_____。
④驱动电机额定功率：_____；驱动电机最大功率：_____。
⑤慢充充电时间：_____；快充充电时间：_____。
新能源电动汽车品牌5：_____；主要代表车型：_____。
车辆主要技术参数：
①车辆外形尺寸：_____。
②车辆自重：_____；续驶里程：_____。
③动力蓄电池类型：_____；动力蓄电池容量：_____。
④驱动电机额定功率：_____；驱动电机最大功率：_____。
⑤慢充充电时间：_____；快充充电时间：_____。

（4）小组团队协作，在网络上搜索新能源汽车与传统汽车相关资料。根据查询获取的信息，撰写《新能源汽车与传统汽车区别报告》。

（三）评价与反馈

考核项目	评分标准	分数	学生自评	小组互评	教师评价	小计
团队合作	是否和谐	5				
活动参与	是否积极主动	5				
安全操作	有无安全隐患	10				
现场6S	是否做到	10				
任务方案	是否正确、合理	15				
操作过程	扫二维码查看视频、网上搜索信息、分析结果	30				
课题完成情况	是否圆满完成	5				
工具和设备使用	是否规范、标准	10				

项目一 认识新能源汽车

续表

考核项目	评分标准	分数	学生自评	小组互评	教师评价	小计
劳动纪律	是否严格遵守	5				
工单填写	是否完整、规范	5				
总分		100				
教师签名				得分		

1. 我国对新能源汽车的定义是什么？
2. 新能源汽车常见的类型有哪些？
3. 插电式混合动力汽车与常规混合动力汽车有哪些相同点与不同点？

1.2 新能源汽车发展现状与趋势

学习目标

1. 了解新能源汽车对于环境保护的意义。
2. 了解新能源汽车的发展情况。
3. 了解新能源汽车的关键技术以及优劣分析。
4. 了解新能源汽车的政策与法规。
5. 能够利用互联网等资源查询新能源汽车的相关信息。

一、发展新能源汽车的必要性

石油短缺、环境污染、气候变暖是全球汽车产业面对的共同挑战，各国政府及产业界纷纷提出各自的发展战略，积极应对，以保持其汽车产业的可持续发展，并提高未来的国际竞争力。新能源汽车已成为21世纪汽车工业发展的热点。

1. 石油短缺

我国是一个能源短缺的国家，但却是一个能源消费大国，仅次于美国。如图 1-2-1 所示，由于全球石油消费增加，对石油过度开采，全球石油总量减少，到不久的将来，一定会出现石油危机。2011 年我国石油消费量达到 4.6 亿吨，成为世界第二大石油消费国。目前，我国人均石油消费量为世界平均水平的 60%，石油占一次能源消费的比例仅为 18%，低于世界平均水平（33%），预计未来我国石油消费仍将持续稳定增长。电动汽车具有能源来源多元化的特点，各种可再生能源可以转化为电能或氢能被加以有效利用；同时，利用电网对电动汽车进行充电，增加了电力在交通能源领域中的应用，减少了对石油资源的依赖，优化了交通能源构成。

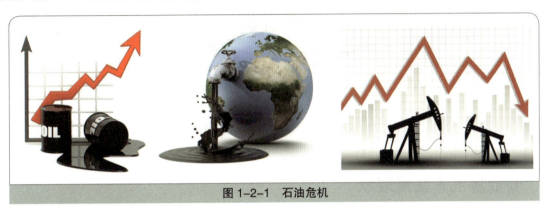

图 1-2-1　石油危机

2. 降低环境污染

燃油汽车在行驶过程中会产生大量的有害气体，不但污染环境，还大大地影响了人类健康。汽车尾气排放的主要污染物为一氧化碳（CO）、碳氢化合物（HC）、氮氧化合物（NO_x）、铅（Pb）、细微颗粒物及硫化物等。这些一次污染物还会通过大气化学反应生成光化学烟雾、酸沉降等二次污染物。据统计，全球大气污染中 42% 源于交通车辆产生的污染。随着城市机动车数量的快速增长，机动车排气污染已成为城市大气污染的主要贡献者。一些城市机动车排放的污染物对多项大气污染指标的贡献率已达到 70% 以上。机动车排放污染已对城市大气污染构成了严重威胁。图 1-2-2 所示为温室气体导致全球气候变暖引起的干旱和冰川融化。

图 1-2-2　温室气体导致全球气候变暖引起的干旱和冰川融化

新能源汽车，特别是纯电动汽车和燃料电池电动汽车，在本质上是一种零排放汽车，一般无直接排放污染物，间接污染物主要产生于非可再生能源的发电与氢气制取过程。其污染物可以采取集中治理的方法加以控制；混合动力汽车在纯电动行驶模式下同样具有零排放的效果，同时由于减少了燃油消耗，CO_2 排放可降低 30% 以上。另外，电动汽车比同类燃油车辆噪声也低 5 dB 以上，大规模推广电动汽车将大幅度降低城市噪声。

3. 节约能源

据测算，传统燃油从开采到汽车利用的平均能量利用率仅 14% 左右。采用混合动力技术后，能量利用率可以提高 30% 以上。另外，插电类混合动力汽车和纯电动汽车可以利用电网夜间波谷充电，提高电网的综合效率。图 1-2-3 所示为纯电动汽车绿色出行示意图。

图 1-2-3　纯电动汽车绿色出行示意图

二、新能源汽车发展现状

面对全球范围日益严峻的能源形势和环保压力，近年来，世界主要汽车生产国都把发展新能源汽车作为提高产业竞争能力、保持经济社会可持续发展的重大战略举措。新能源汽车成为市场新的增长点。

目前，新一轮的新能源汽车研发、示范和产业化已经开始，而且得到各国政府和企业的高度重视，但全球新能源汽车产业仍处于初级阶段。

1. 国外新能源汽车发展现状

从国际上看，随着技术的不断创新与突破，面对金融危机、油价攀升和日益严峻的节能减排压力，2008 年以来，以美国、日本、欧盟为代表的国家和地区相继发布实施了新的电动汽车发展战略，进一步明确了产业发展方向，明显加大了研发投入与政策扶持力度。日本以产业竞争力为第一目标，全面发展混合动力、纯电动、燃料电池三种电动汽车，研发和产业化均走在世界前列；美国以能源安全为首要任务，强调插电式电动汽车发展；欧盟以 CO_2 排放法规为主驱动力，重视发展纯电驱动汽车。

2. 国内新能源汽车发展现状

我国高度重视电动汽车技术的发展。"十五"期间，启动了"863"计划，其中即包括电动汽车重大科技专项，确立了"三纵三横"（三纵：混合动力汽车、纯电动汽车、燃料电池电动汽车；三横：电池、电机、电控）的研发布局，取得了一大批电动汽车技术创新成果。"十一五"以来，我国提出了"节能和新能源汽车"战略，政府高度关注新能源汽车的研发和产业化。

2006 年 6 月，"十一五""863"计划中节能与新能源汽车重大项目通过论证。其重点任务是推进燃料电池电动汽车研发和示范运行，实现混合动力汽车规模产业化，拓展纯电动汽车的应用范围，进一步扩大代用燃料汽车的推广应用；促进节能与新能源汽车产业政策、法规和相关标准的研究与制定，完善相关检测评价能力，形成知识产权保护和投、融资服务体系，构建节能与新能源汽车公共服务平台，建立中国节能与新能源汽车产业联盟；把握交通能源动力系统转型的重大机遇，建立以企业为主体的产学研结合的自主研发创新体系。

2006—2007年，中国新能源汽车产业取得了重大的发展，中国自主研制的纯电动、混合动力和燃料电池三类新能源汽车整车产品相继问世；混合动力和纯电动客车实现了规模示范；纯电动汽车实现了批量出口；燃料电池电动汽车研发进入世界先进行列。

当前，我国电动汽车发展已进入关键时期，既面临重大的发展机遇，也面临严峻的挑战。我国电动汽车发展中还存在很多需要解决的问题，如核心技术还不具备竞争优势，企业投入不足，政府的协调统筹潜力还没有充分发挥等。总体来看，我国电动汽车研发起步不晚，发展不慢，但由于燃油汽车及相关产业基础相对薄弱、投入不足，差距仍在，中高端技术竞争压力越来越大，因此必须加大攻坚力度，推动我国汽车工业向创新驱动转型，抢占技术制高点，培育新能源汽车战略性新兴产业，引领产业变革，确保我国汽车行业的可持续发展。

1）纯电动汽车的发展状况

纯电动汽车技术当前的发展状况表现为：纯电动汽车技术成熟，在特定区域推广应用。

2）混合动力汽车的发展状况

混合动力汽车技术渐趋完善，进入商业化推广阶段。

混合动力汽车因兼顾了纯电动汽车和燃油汽车的优越性以及可保证（以较低的代价）从燃油汽车产业向新能源汽车产业的平稳过渡而受到各国、各大公司的高度重视，并随着技术的日趋成熟，已经进入商业化推广应用阶段，全球销售的混合动力汽车数量日益增多。

3）燃料电池电动汽车的发展状况

燃料电池电动汽车技术正处于突破前期，正在成为新的研发重点。

在燃料电池汽车方面，国外企业界纷纷组成强大的跨国联盟，以期达到优势互补的目的，如日本丰田与美国通用公司，日本东芝公司与美国国际燃料电池公司，雷诺汽车公司与意大利 De Nora 公司分别组成联盟开发燃料电池电动汽车。目前几乎所有的国外大型企业集团全部介入，投入的总额将近 100 亿美元，示范运行车辆总数已超过 100 辆。

三、新能源汽车未来发展技术路线

在电动汽车科技发展"十三五"专项规划中，明确提出了我国电动汽车发展的技术路线和需要突破的核心技术。

1. 技术路线

电动汽车按动力系统电气化水平分为两类：一类是全部或大部分工况下主要由电动机提供驱动功率的电动汽车（称为"纯电驱动"电动汽车，如纯电动汽车、插电式混合动力汽车、增程式电动汽车和燃料电池电动汽车）；另一类是动力蓄电池容量较小，大部分工况下主要由内燃机提供驱动功率的电动汽车（称为常规混合动力汽车）。从培育战略性新兴产业角度看，发展电气化程度比较高的纯电驱动电动汽车是我国新能源汽车技术的发展方向和重中之重。要在坚持节能与新能源汽车"过渡与转型"并行互动、共同发展的总体原则指导下，规划电动汽车技术发展战略。

（1）确立"纯电驱动"的技术转型战略。顺应全球汽车动力系统电动化技术变革总体趋势，发挥我国的有利条件和比较优势，面向纯电驱动实施汽车产业技术转型战略，加快发展纯电驱动电动汽车产品。实施这一技术转型战略，要依靠自主创新，坚持自主发展。突破电动汽车核心技术"瓶颈"；同时要充分利用国际资源，进一步提升我国汽车共性基础技术水平，服务于"纯电驱动"的技术转型战略。

（2）坚持"三纵三横"的研发布局。我国电动汽车研发在"三纵三横"的技术创新战略指导下，经过"十五""三纵三横、整车牵头"和"十一五""三纵三横、动力系统技术平台为核心"两阶段技术攻关，取得了重大技术突破，形成了具有中国特色的电动汽车研发体系。"十二五"期间，继续坚持"三纵三横"的基本研发布局，根据纯电驱动技术转型战略，进一步突出"三横"共性关键技术。在"三纵"方面，纯电动汽车、增程式电动汽车和插电式混合动力汽车作为纯电驱动汽车的基本类型归为一个大类；燃料电池电动汽车作为纯电驱动汽车的特殊类型继续独立作为一"纵"；混合动力汽车主要为常规混合动力汽车。在"三横"方面，电池包括动力蓄电池和燃料电池；电机包括电机系统及其与发动机、变速器总成一体化技术等；电控包括"电转向""电空调""电制动""车网融合"等在内的电动汽车电子控制系统技术。图1-2-4所示为新能源汽车产业"三纵三横"示意图。

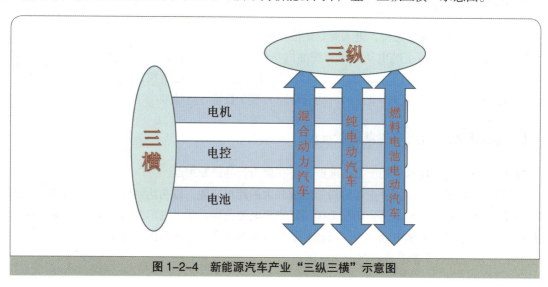

图1-2-4　新能源汽车产业"三纵三横"示意图

2.核心技术

1）动力蓄电池

以动力蓄电池模块为核心，实现我国以能量型锂离子动力蓄电池为重点的车用动力蓄电池大规模产业化突破。以车用能量型动力蓄电池为主要发展方向，兼顾功率型动力蓄电池和超级电容器的发展，全面提高动力蓄电池输入输出特性、安全性、一致性、耐久性和性价比等综合性能。强化动力蓄电池系统集成与热－电综合管理技术，促进动力蓄电池模块化技术发展；实现车用动力蓄电池模块标准化、系列化、通用化，为支撑纯电驱动电动汽车的商业化运营模式提供保障。瞄准国际前沿技术，深入开展下一代新型车用动力蓄电池自主创新研究，为电动汽车产业的中长期发展进行技术储备。重点研究新型锂离子动力蓄电池，即研究新型锂离子动力蓄电池设计、性能预测、安全评价及安全性新技术。新体系动力蓄电池方面，重点研究金属空气电池、多电子反应电池和自由基聚合物电池等，并通过实验技术验证，建立动力蓄电池创新发展技术研发体系。图1-2-5所示为新型锂离子动力蓄电池包。

图1-2-5　新型锂离子动力蓄电池包

2）驱动电机

面向混合动力大规模产业化需求，开发混合动力发动机/电动机总成（发动机＋ISG/BSG）和机电耦合传动总成（电动机＋变速器），形成系列化产品和市场竞争力，为混合动力汽车大规模产业化提供技术支撑。面向纯电驱动大规模商业化示范需求，开发纯电动汽车驱动电机及其传动系统系列，同步开发配套的发动机/发电机组（APU）系列，为实现纯电动汽车大规模商业示范提供技术支撑。面向下一代纯电驱动系统技术攻关，从新材料、新结构、自传感电机、IGBT芯片封装和驱动系统混合集成、新型传动结构等方面着手，开发高效率、高材料利用率、高密度和适应极限环境条件的电力电子、电动机与传动技术，探索下一代车用电机驱动及其传动系统解决方案，满足电动汽车可持续发展需求。图1-2-6所示为高效率三相交流同步电动机。

图1-2-6　高效率三相交流同步电动机

3）电控技术

重点开发混合动力专用发动机先进控制算法（满足国Ⅳ以上排放法规）、混合动力系统先进实时控制网络协议、多部件间的转矩耦合和动态协调控制算法，研制高性能的混合动力系统（整车）控制器，满足混合动力汽车大规模产业化技术需求。重点开发先进的纯电驱动汽车分布式、高容错和强实时控制系统，高效、智能和低噪声的电动化总成控制系统（电动空调、电动转向、制动能量回馈控制系统），电动汽车的车载信息、智能充电及其远程监控技术，满足纯电动汽车大规模示范需要。重点开发基于新型电机集成驱动的一体化底盘动力学控制、高性能的下一代整车控制器及其专用芯片、电动汽车智能交通系统（ITS）与车网融合技术（V2X，包括V2G——汽车到电网的链接，V2H——汽车到家庭的链接，V2V——汽车到汽车的链接等网络通信技术），为下一代纯电驱动电动汽车开发提供技术支撑。图1-2-7所示为典型电动汽车电控系统。

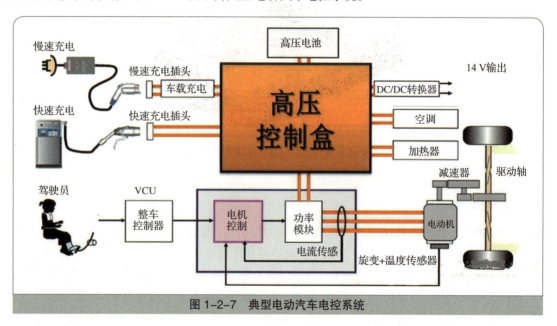

图 1-2-7　典型电动汽车电控系统

四、新能源汽车的政策与法规

1. 新能源汽车的政策

为加快汽车产业技术进步，着力培育战略性新兴产业，推进节能减排，2015年4月29日，财政部、国家发展改革委、工信部和科技部四部委联合下发的新一轮新能源汽车补贴政策正式出台，在未来5年，补贴额度大幅退坡。自2010年中央实施新能源汽车补贴政策以来，补贴额度逐年下降，享受补贴的车辆标准逐年提高。同时，政府对汽车企业的燃料消耗限值不断降低，显示政府希望由市场力量来推动新能源汽车的发展。

具体的退坡办法是：2017—2020年，除燃料电池电动汽车外，其他新能源车型补贴标准都实行退坡，其中，2017—2018年补贴标准在2016年基础上下降20%，2019—2020年补贴标准在2016年基础上下降40%。

表1-2-1所示为2015—2020年国家对新能源汽车补贴的政策。

1.2 新能源汽车发展现状与趋势

表 1-2-1　2015—2020 年国家对新能源汽车补贴的政策

2015 年国家新能源汽车补贴				
车辆类型	纯电续驶里程 R（工况）			
	80 km≤R<150 km	150 km≤R<250 km	R≥250 km	R≥50 km
纯电动乘用车（2015 年）	—	—	—	3.15 万元/辆
2015 年国家新能源汽车补贴				
车辆类型	补贴标准			
燃料电池乘用车	18.00 万元/辆			
2016 年国家新能源汽车补贴				
车辆类型	纯电续驶里程 R（工况）			
	100 km≤R<150 km	150 km≤R<250 km	R≥250 km	R≥50 km
纯电动乘用车（2016 年）	2.50 万元/辆	4.50 万元/辆	5.50 万元/辆	—
包括增程式在内的插电式混合动力乘用车（2016年）	—	—	—	3.00 万元/辆
2017—2018 年国家新能源汽车补贴				
车辆类型	纯电续驶里程 R（工况）			
	100 km≤R<150 km	150 km≤R<250 km	R≥250 km	R≥50 km
纯电动乘用车（2017—2018 年）	2.00 万元/辆	3.60 万元/辆	4.40 万元/辆	—
包括增程式在内的插电式混合动力乘用车（2017—2018 年）	—	—	—	2.40 万元/辆
2019—2020 年国家新能源汽车补贴				
车辆类型	纯电续驶里程 R（工况）			
	100 km≤R<150 km	150 km≤R<250 km	R≥250 km	R≥50 km
纯电动乘用车（2019—2020 年）	1.50 万元/辆	2.70 万元/辆	3.30 万元/辆	—
包括增程式在内的插电式混合动力乘用车（2019—2020 年）	—	—	—	1.80 万元/辆
2016—2020 年国家新能源汽车补贴				
车辆类型	补贴标准			
燃料电池乘用车	20.00 万元/辆			

国家对新能源乘用车的补贴对象依然是纯电动汽车、插电式混合动力汽车和燃料电池电动汽车，但对车辆的技术要求进一步提高。其中，纯电动汽车的补贴门槛，由以前的 80 km 续驶里程提高到 100 km，对车辆的最高速度也要求不低于 100 km/h。

表 1-2-2 所示为有关的媒体汇总整理的 2013—2020 年的新能源汽车国家补贴标准，仔细对比一下，会发现不少变化。

表 1-2-2　2013—2020 年新能源汽车国家补贴标准

2013—2020 年新能源汽车补贴标准								
车型类别	续驶里程/km	2013 年	2014 年	2015 年	2016 年	2017 年	2018 年	2019 年	2020 年
纯电动乘用车	2013—2015 年（80≤R<150）	3.5	3.325	3.15	—	—	—	—	—
	2016—2020 年（100≤R<150）	—	—	—	2.5	2	2	1.5	1.5
	150≤R<250	5	4.75	4.5	4.5	3.6	3.6	2.7	2.7
	R≥250	6	5.7	5.4	5.5	4.4	4.4	3.3	3.3
插电式混合动力乘用车（含增程式）	R≥250	3.5	3.325	3.15	3	2.4	2.4	1.8	1.8
燃料电池乘用车	—	20	19	18	20	20	20	20	20

首先，补贴退坡幅度大大提升。2014 年的补贴标准是在 2013 年的基础上下降 5%，2015 年则是在 2013 年的基础上下降 10%。但是新一轮补贴退坡幅度则大大提升，2017—2018 年补贴标准在 2016 年基础上下降 20%，2019—2020 年补贴标准在 2016 年基础上下降 40%。

以续驶里程大于 250 km 的纯电动乘用车为例，2014 年及 2015 年的补贴标准较 2013 年分别下降 0.3 万元和 0.6 万元，但是 2017—2018 年补贴标准则较 2016 年下降了 1.1 万元，补贴下降幅度的确够大，再加上 2017 年与 2018 年和 2019 年与 2020 年的补贴标准一致，所以此次的标准在未来能否刺激市场提前发力还是未知。

其次，从 2016 年开始，能够享受补贴的纯电动汽车的续驶里程门槛从 80 km 提高到 100 km，这对本来要求"转正"的低速电动车冲击不小。

2. 新能源汽车使用管理办法

随着国家对新能源汽车的日益重视以及社会环境的需要，新能源汽车必将逐步取代燃油汽车，汽车行业也将迎来一次史无前例的汽车革命，但是随着新能源汽车渐渐走进生活，国家对新能源汽车出台了哪些法律法规和管理办法呢？

1）新能源汽车的驾驶资格

很多人误以为电动汽车不用烧油，应该跟老年代步车一样无须驾驶证便可直接上路，但据交警介绍：电动汽车属于四轮机动车，没证开车上路会被依法扣留车辆。只要是在道路上行驶的被认定为机动车车辆，都需要驾驶员有驾驶证，可是纯电动汽车在国内的法律法规上有"漏洞"，国内现在已经有很多杂牌的电动汽车上市销售，但这些车辆根本没法上牌照。如老年代步车这种车没有行业标准，也没有颁布什么目录，生产许可证任何一家都办不了。这样的车上路以后，交警部门不管，公路部门不管，农机部门更不管。

1.2 新能源汽车发展现状与趋势

交警部门表示：老年代步车、老年电动车的车速，是参照电动轮椅的国家标准制定的，速度限制在 10 km/h。如果超速，或者用来非法营运、载货，都将按照道路交通安全法的规定进行处罚。

电动汽车一般认为就是指纯电动汽车，或混合动力汽车，或燃料电池电动汽车。电动汽车的车长、车宽，包括车速都和机动车一样，最高速度为 60 km/h，车辆性能远远大于老年代步车，所以无论是电动汽车还是机动车，驾驶者必须持有 C 类驾驶证才能上路行驶。

根据《中华人民共和国安全法》（简称《安全法》）第九十九条规定，未取得机动车驾驶证、机动车驾驶证被吊销或者机动车驾驶证被暂扣期间驾驶机动车的，处以 200 元以上 2 000 元以下罚款，可以并处 15 日以下拘留。如果无证驾驶机动车发生交通事故，按照交通事故的严重性可能会承担刑事责任。新能源汽车上路资格如图 1-2-8 所示。

图 1-2-8　新能源汽车上路资格

注意：不管是机动车还是电动汽车，持合法手续和驾驶证是对自己和他人安全的保障。

2）新能源汽车的牌照

按照国家规定，新能源汽车上牌必须符合工信部发布的《全国机动车辆生产企业及产品公告》相关规定，以及拥有车辆合格证、购车发票、完税证明、交强险等，而未列入《道路机动车辆生产企业及产品公告》（简称《公告》）的汽车，按照规定不能上牌。

据了解，根据《道路交通安全法》及相关法律法规规定，国家对机动车实行登记制度，机动车经公安机关交通管理部门登记后，方可上道路行驶。公安机关交通管理部门对机动车登记的依据之一是列入国家机动车产品主管部门《公告》的产品。如果市民购买的电动汽车为《公告》内的产品，也就是在车管所的车辆目录中能够查到信息的汽车，就可以到车管所，按照《机动车驾驶证申领和使用规定》中所列的对应车辆，申请相应的准驾车型。符合相关条件的电动汽车上牌手续与普通机动车一样。但是因为现阶段国家政策鼓励，新能源车在一线大城市可以享受不限行及单独摇号池摇号的鼓励政策。新能源汽车新款牌照示例如图 1-2-9 所示。

项目一 认识新能源汽车

图 1-2-9　新能源汽车新款牌照示例

3. 新能源汽车的主要标准

我国新能源汽车标准的制定工作，是伴随着国内新能源汽车产业化发展而产生的。早在开始进行新能源汽车的研究开发时，我国就意识到相关技术标准研究的重要性。我国对新能源汽车标准的制定工作始于 1998 年，这一年全国汽车标准化技术委员会成立了电动车辆标准化分技术委员会，正式开始研究制定我国的新能源汽车标准。我国在选择制定新能源汽车标准时主要依据国内新能源汽车产业开发和应用的趋势，并参考和借鉴国外相关行业性组织已出台的标准。电动车辆标准化分技术委员会对国外新能源车辆标准化工作进行充分的分析和研究后，将新能源汽车分为纯电动汽车、混合动力汽车和燃料电池电动汽车三种类型并制定相应标准。因对这三类新能源汽车研究开发的进度不同，所以相关标准制定工作也不同步。我国在"九五"期间开始制定纯电动汽车标准，"十五"期间着手制定混合动力汽车标准，"十一五"期间着手制定燃料电池电动汽车标准。而目前，为推动电动汽车商业化发展，我国正加快制定相关基础设施的技术标准。目前我国已经制定并发布的新能源汽车相关国家标准和行业标准共计 42 项，其中 22 项已列为新能源汽车产品准入的专项检验标准，形成了整车、动力蓄电池、驱动电机等相关检测评价和产品认证能力。2010 年 7 月 28 日，工业和信息化部对汽车行业标准进行了报批公示，其中涉及 6 项电动汽车行业标准。

1）纯电动汽车标准

我国在"九五"期间就开始把纯电动汽车列入国家重大科技产业工程项目并投入大量资金进行研发工作。在"九五"国家重大科技产业工程——"标准的制定"项目中，全国汽车标准化技术委员会电动车辆标准化分技术委员会组织针对"九五"电动汽车开发项目，完成了 16 项纯电动汽车急需标准的制定工作（其中有 2 项为国家指导性技术文件（GB/Z），这 16 项标准包括整车、动力蓄电池、电机及其控制器、充电器四大方面（见表 1-2-3），这也是我国第一批电动汽车标准。随后，我国又陆续修订了这些标准，同时增加制定了操纵件、指示器及信号装置的标志，风窗玻璃除霜除雾系统的性能要求及试验方法，DC/DC 转换器、传导充电用接口、仪表及电动汽车术语等标准，现已初步形成纯电动汽车标准体系，为"十三五"小型纯电动汽车的产业化奠定了基础。截至目前，我国已公布 25 项纯电动汽车标准，2 项纯电动汽车标准已通过审核。下一阶段，需要补充电动汽车各系统、总成及关键零部件的性能试验方法与技术要求等。

1.2 新能源汽车发展现状与趋势

表1-2-3 我国已公布的纯电动汽车标准

标准代号	标准名称
QC/T 744—2006（取代GB/T 18332.2—2001）	电动汽车用金属氢化物镍蓄电池
QC/T 743—2006（取代GB/Z 18333.1—2001）	电动汽车用锂离子蓄电池
QC/T 742—2006（取代GB/T 18332.1—2001）	电动汽车用铅酸蓄电池
QC/T 741—2006	车用超级电容器
GB/Z 18333.2—2001	电动道路车辆用锌空气蓄电池
GB/T 4094.2—2005	电动汽车操纵杆、指示器及信号装置的标志
GB/T 24552—2009	电动汽车用风窗玻璃除霜除雾系统的性能要求及试验方法
GB/T 24347—2009	电动汽车DC/DC转换器
GB/T 20234—2006	电动汽车传导充电用插头、插座、车辆耦合器和车辆插孔通用要求
GB/T 19836—2005	电动汽车用仪表
GB/T 19596—2004	电动汽车术语
GB/T 18488.2—2006（取代GB/T 18488.2—2001）	电动汽车用电机及其控制器试验方法
GB/T 18488.1—2006（取代GB/T 18488.1—2001）	电动汽车用电机及其控制器技术条件
GB/T 18487.3—2001	电动车辆传导充电系统 电动车辆交流/直流充电站
GB/T 18487.2—2001	电动车辆传导充电系统 电动车辆交流/直流电源的连接要求
GB/T 18487.1—2001	电动车辆传导充电系统一般要求
GB/T 18388—2005（取代GB/T 18388—2001）	电动汽车定型试验规程
GB/T 18387—2008（取代GB/T 18387—2001）	电动车辆的电磁辐射强度的限值和测量方法宽带9 kHz~30 MHz
GB/T 18386—2005（取代GB/T 18386—2001）	电动汽车能量消耗率和续驶里程试验方法
GB/T 18385—2005（取代GB/T 18385—2001）	电动汽车动力性能试验方法
GB/T 18384.3—2001	电动汽车安全要求第3部分：人员触电防护
GB/T 18384.2—2001	电动汽车安全要求第2部分：功能安全与故障防护
GB/T 18384.1—2001	电动汽车安全要求第2部分：车载储能装置
GB/T 17619—1998	机动车电子电器组件的电磁辐射抗扰性限值和测量方法
GB/T 11918—2001	工业用途的插头插座、电缆耦合器第一部分：通用要求
GB/T 28382—2012	纯电动乘用车 技术条件

续表

标准代号	标准名称
QC/T 840—2010	电动汽车用动力蓄电池产品规格尺寸
正在制定中	电动汽车动力蓄电池系统通用要求
正在制定中	电动汽车动力蓄电池电池箱通用要求
GB/T 38661—2020	电动汽车用电池管理系统技术条件

电动汽车标准体系由三部分组成：一是整车标准，有整车性能、安全要求等；二是电动汽车部件标准，主要是储能装置——动力蓄电池、超级电容器、燃料电池以及电机及控制器；三是基础设施标准，有能源动力、站车通信及接口、能源补给。

2）混合动力汽车标准

混合动力汽车是国际上最先得到规模化商业应用的产品。根据国外开发和应用的进展情况，"十五"期间，科技部将发展混合动力技术明确为新能源汽车研究和产业化的重点。在科技部的要求和支持下，混合动力汽车标准的前期研究工作自2002年年初启动。随后，电动车辆标准化分技术委员会针对标准制定的重点领域和技术路线在国内相关企业和高等学校、研究机构进行了较为广泛和深入的调研，同时对国内外标准资料进行收集分析。截至目前，我国已出台的混合动力汽车标准主要包括6个整车标准、2个研究报告，还有3个处于公告中。所有的混合动力汽车标准、研究报告及处于公告中的行业标准中，有5项共用标准、2项轻型混合动力汽车标准、4项重型混合动力汽车标准，如表1-2-4所示。

表1-2-4　我国已公布的混合动力汽车标准

标准代号	标准名称
GB/T 19750—2005	混合动力汽车定型试验规程
GB/T 19751—2005	混合动力汽车安全要求
GB/T 19752—2005	混合动力汽车动力性能试验方法
GB/T 19753—2005	轻型混合动力汽车能量消耗量试验方法
GB/T 19754—2005	重型混合动力汽车能量消耗量试验方法
GB/T 19755—2005	轻型混合动力汽车污染物排放测量方法
研究报告	重型混合动力汽车排放污染物测试方法
研究报告	混合动力汽车综合性能道路试验规程
QC/T 837—2010	混合动力汽车类型及定义
QC/T 838—2010	超级电容器动力城市客车
QC/T 839—2010	超级电容器电动城市客车供电系统

1.2 新能源汽车发展现状与趋势

近期,《重型混合动力汽车能量消耗量试验方法》正在进行修订,主要补充了可外接电的重型混合动力汽车能量消耗量试验方法。《重型混合动力汽车排放污染物测试方法》现已完成征求意见稿。目前我国制定的混合动力汽车标准已基本能够适应对混合动力汽车产品,特别是整车性能测试的要求。下一阶段,需要补充各种类型的混合动力车(如插电式混合动力车、串联插电式混合动力车)整车性能试验方法与技术要求,以及其各系统、总成及关键零部件的性能试验方法与技术要求等。

3)燃料电池电动汽车标准

"十一五"期间,我国基本建立了燃料电池电动汽车的研发体系,在整车集成技术、动力平台的成熟性、整车的可靠性方面有了新的提高,且部分样车进行了示范运行。在这些基础上,我国启动了燃料电池电动汽车标准制定工作,目前已制定完成了术语、安全、燃料电池发动机、加氢车等标准,并开展了加注装置、车载氢系统等标准的研究(见表1-2-5)。然而由于燃料电池汽车受技术水平和经济性的影响,短时期内仍无法实现商业化,故燃料电池电动汽车标准的制定工作较其他两类电动汽车缓慢。

表 1-2-5 我国已公布的燃料电池电动汽车标准

标准代号	标准名称
GB/T 24549—2020	燃料电池电动汽车安全要求
GB/T 24548—2009	燃料电池电动汽车术语
GB/T 24554—2009	燃料电池发动机性能试验方法
GB/T 23645—2009	乘用车用燃料电池发电系统测试方法
GB/T 23646—2009	电动自行车用燃料电池发电系统 技术条件
GB/T 26779—2021	燃料电池电动汽车加氢口
QC/T816—2009	加氢车技术条件
GB/T 26991—2011	燃料电池电动汽车 最高车速试验方法

4)基础设施技术标准

2009年,政府出台的《汽车产业调整和振兴规划》中提出我国要实施新能源汽车战略,推动纯电动汽车、插电式混合动力汽车及其关键零部件的产业化。由于电动汽车基础设施建设是电动汽车实现产业化的前提,因此全国汽车标准化技术委员会积极开展电动车基础设施技术标准的研究工作。2010年4月28日,《电动汽车传导式充电接口》《电动汽车充电站通用要求》《电动汽车电池管理系统与非车载充电机之间的通信协议》三项国家标准通过了全国汽车标准化技术委员会电动车辆标准化分技术委员会审查(见表1-2-6)。近期,《氢燃料电池汽车示范运行规范》及《燃料电池汽车示范运行配套设施规范》已完成征求意见稿,该规范是根据氢燃料电池汽车及配套设施的特点,为确保示范运行安全、规范而提供的技术管理文件。电动汽车基础设施技术标准的制定,为我国推进电动汽车产业发展奠定了基础。

表 1-2-6 我国已公布的新能源汽车基础设施标准

标准代号	标准名称
QC/T 841—2010	电动汽车传导式充电接口
GB/T 29781—2013	电动汽车充电站通用要求
QC/T 842—2010	电动汽车电池管理系统与非车载充电机之间的通信协议

5）动力蓄电池质量标准

标准规定电动乘用车动力蓄电池（包括蓄电池箱及箱内部件）总质量占整车整备质量的比值不宜大于 30%。这是为了保证车辆的使用性能和可承载质量，防止因动力蓄电池过重而产生性能降低。这一比值的提出也有助于引导我国企业在产品研发过程中应用能量密度高和功率密度高的动力蓄电池。该指标的目的是限制车辆为了提高续驶里程等性能，无限量增加动力蓄电池的数量。

6）轴荷分配

标准规定对前置前驱动（FF）的车辆，满载时前轴负荷不宜小于 55%；对于前置后驱动（FR）的车辆，满载时后轴负荷不宜大于 52%；对于后置后驱动（RR）的车辆，满载时后轴负荷不宜大于 60%。由于目前很多纯电动乘用车都不是全新设计，而是在现有车型上改装的，故有可能因蓄电池安装空间问题，使整车轴荷分配不合理。

7）行李厢容积

标准规定对四座及以上车辆，行李厢容积不宜小于 $0.3\ m^3$，以防止我国电动汽车动力蓄电池的布置都会占用行李厢的空间。

8）提示性的声响

标准规定"车辆在设计时应考虑车辆起动、车速低于 20 km/h 时能给车外人员发出适当的提示性声响"。

由于电动汽车在行驶过程中没有发动机声音，会给行人等带来安全隐患，因此提出了应有适当提示性声响，至于提示性声响类型，由企业自行决定。由于国际上尚处于研讨阶段，因此目前不硬性规定必须有该功能。

9）爬坡性能

标准规定车辆最大爬坡度应不低于 20%，这是因为城市道路使用的车辆在行驶过程中，经常遇到立交桥、车库进出等较陡路面情况。

10）续驶里程

标准规定采用工况法测试的续驶里程应大于 80 km。续驶里程是电动汽车最重要的指标之一。纯电动汽车推向市场的一大阻碍是其较短的续驶里程，但为了增加续驶里程而多装蓄电池，又会导致制动性能、轴荷分配、行李厢容积等发生变化。

该条款中删除了原有 GB/T 18386—2005《电动汽车能量消耗率和续驶里程试验方法》中规定采用工况法和等速法（60 km/h 或 40 km/h）中的等速法。因为在城市中行驶的电动汽车，由于遇红绿灯停车、堵车等不可能是等速行驶，因此采用等速法测试续驶里程是不合理的。现在标准中取消等速法而采用工况法测试续驶里程是合理的。

实训项目　新能源汽车相关政策查询

（一）工作准备

（1）防护装备：无。
（2）车辆、台架、总成：能连接互联网的计算机或移动终端。
（3）专用工具、设备：无。
（4）手工工具：无。
（5）辅助材料：无。

（二）实施步骤

（1）新能源汽车政策、法规、标准和术语查询。

打开计算机或移动终端的浏览器，利用百度等浏览器搜索功能，分别搜索"新能源汽车""政策""法规""术语"等关键词，查询并记录相关的信息。

（2）用手机扫一扫本课题中的二维码，观看新能源汽车节能环保介绍。

（3）对所查询出的相关信息进行分析、学习和讨论。

（4）小组讨论完成如下要求的内容：

新能源汽车与燃油汽车在国家层面对其管理的法律、法规有哪些不同点（3 条以上）？

① _____ ；
② _____ ；
③ _____ ；
④ _____ 。

新能源汽车与燃油汽车在国家政策层面享有哪些优惠政策（2 条以上）？

① _____ ；
② _____ ；
③ _____

（三）评价与反馈

考核项目	评分标准	分数	学生自评	小组互评	教师评价	小计
团队合作	是否和谐	5				
活动参与	是否积极主动	5				
安全操作	有无安全隐患	10				
现场 6S	是否做到	10				
任务方案	是否正确、合理	15				
操作过程	扫二维码查看视频、网上搜索信息、分析结果	30				
课题完成情况	是否圆满完成	5				
工具和设备使用	是否规范、标准	10				
劳动纪律	是否严格遵守	5				
工单填写	是否完整、规范	5				
总分		100				
教师签名				得分		

一、填空题

1. 2015 年 5 月 19 日，国务院印发的《中国制造 2025》里提到_____作为重点发展领域。
2. 自 2010 年中央实施新能源汽车补贴政策以来，补贴额度逐年_____，享受补贴的车辆标准逐年_____。
3. 我国新能源汽车产品准入的专项检验标准，形成了_____、_____、_____等相关检测评价和产品认证能力。
4. 我国将新能源汽车分为_____、_____和_____三种类型并制定相应标准。
5. 标准规定采用工况法测试的续驶里程应大于_____。

二、判断题

1. 燃料电池新能源车的补贴标准逐年递增。（   ）
2. 电动汽车不用烧油，应该跟老年代步车一样无须驾驶证便可直接上路。（   ）
3. 城市微型电动汽车，各项指标符合国家相关条件，可以按照规定申领牌照。（   ）
4. 纯电动汽车是国际上最先得到规模化商业应用的产品。（   ）
5. 燃料电池电动汽车的英文为 Pure Electric Vehicle。（   ）

三、选择题

1. 按照国家规定，电动汽车上牌必须符合工信部发布的《全国机动车辆生产企业及产品公告》相关规定，以及拥有车辆合格证、购车发票、（　　）、交强险等，而未列入《公告》的汽车，按照规定不能上牌。
   A. 购车质量检查报告　　　　　B. 汽车尾气合格证明
   C. 完税证明　　　　　　　　　D. 新车出厂证明

2. 下面哪项不属于新能源车优惠政策？（　　）
   A. 购车补贴　　B. 不限行　　C. 免征购置税　　D. 不摇号

3. 目前纯电动汽车（EV）电池续驶里程补贴门槛为（　　）。
   A. 60 km　　B. 80 km　　C. 100 km　　D. 120 km

项目二 新能源汽车基础

我国新能源汽车主要以纯电动汽车为主。而纯电动汽车的基础在于汽车上的三大件,即驱动电机、电机驱动器和动力蓄电池。这三大件也是有别于传统汽车的核心部件。纯电动汽车性能的好坏、续驶里程的长短都与三大件的品质有着密切的关系。本项目将通过两个课题(2.1 认识新能源汽车驱动电机、2.2 认识新能源汽车电机驱动器)使学生对纯电动汽车核心部件有一个初步的认识,从新能源汽车技术层了解新能源汽车基础知识。

2.1 认识新能源汽车驱动电机

学习目标

1. 掌握驱动电机的定义。
2. 了解驱动电机的类型。
3. 了解不同类型驱动电机应用场合。
4. 会辨认驱动电机技术参数。

一、驱动电机的定义

电动机(见图2-1-1)是指依据电磁感应定律实现电能转换或传递的一种电磁装置,在电路中用字母 M 表示。它的主要作用是产生驱动转矩,作为用电器或各种机械的动力源;而发电机在电路中用字母 G 表示,它的主要作用是将电能转化为机械能。

在纯电动汽车或者燃料电池电动汽车中,驱动电机作为纯驱动装置;在串联式混合动力汽车中,驱动电机作为主要动力装置;在并联式混合动力汽车中,驱动电机作为辅助动力装置。新能源汽车与普通燃油汽车的最主要的区别就在于电机驱动系统,图2-1-2所示为纯电动汽车和混合动力汽车使用的驱动电机。

图 2-1-1 驱动电机

2.1 认识新能源汽车驱动电机

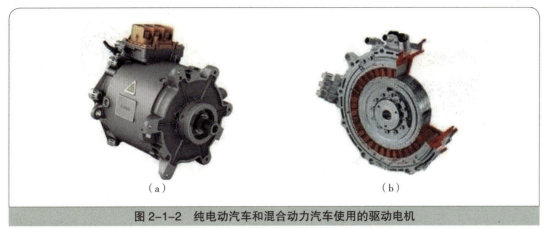

图 2-1-2　纯电动汽车和混合动力汽车使用的驱动电机

（a）纯电动汽车驱动电机；（b）混合动力汽车驱动电机

二、电动机的分类

电动机按工作电源类型划分，可分为直流电动机（见图 2-1-4）和交流电动机（见图 2-1-5）。直流电动机按结构及工作原理可划分为无刷直流电动机和有刷直流电动机。有刷直流电动机可划分为永磁直流电动机和电磁直流电动机。电磁直流电动机划分为串励直流电动机、并励直流电动机、他励直流电动机和复励直流电动机。永磁直流电动机划分为稀土永磁直流电动机、铁氧体永磁直流电动机和铝镍钴永磁直流电动机。交流电动机可分为同步电动机和异步电动机。同步电动机可划分为永磁同步电动机、磁阻同步电动机和磁滞同步电动机。异步电动机可划分为交流换向器电动机和感应电动机。交流换向器电动机可划分为单相串励电动机、交直流两用电动机和推斥电动机。感应电动机可划分为单相异步电动机、三相异步电动机和罩极异步电动机。电动机分类如图 2-1-3 所示。

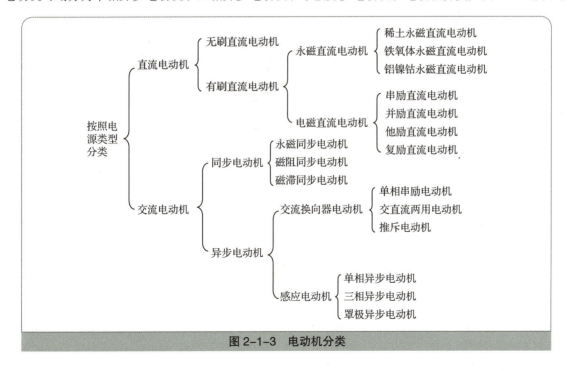

图 2-1-3　电动机分类

图 2-1-4　直流电动机

图 2-1-5　交流电动机

三、分类电动机的结构特点及应用场合

1. 直流电动机

直流电动机是依靠直流工作电压运行的电动机，其基本结构如图 2-1-6 所示，广泛应用于收录机、录像机、影碟机、电动剃须刀、电吹风、电子表和玩具等。

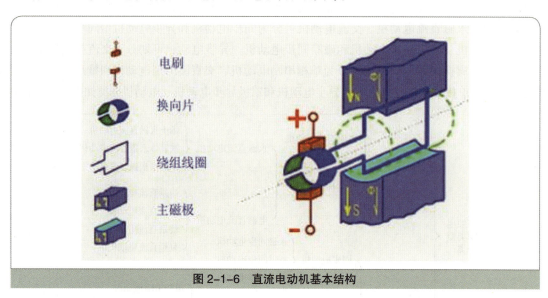
图 2-1-6　直流电动机基本结构

1）无刷直流电动机

无刷直流电动机是采用半导体开关器件来实现电子换向的，即用电子开关器件代替传统的接触式换向器和电刷。它具有可靠性高、无换向火花、机械噪声低等优点，广泛应用于录像机、电子仪器及自动化办公设备中。

无刷直流电动机由永磁体转子、多极绕组定子和位置传感器等组成，如图 2-1-7 所示。位置传感器按转子位置的变化，沿着一定次序对定子绕组的电流进行换流（即检测转子磁极相对定子绕组的位置，并在确定的位置处产生位置传感信号，经信号转换电路处理后去控制功率开关电路，按一定的逻辑关系进行绕组电流切换）。定子绕组的工作电压由位置传感器输出控制的电子开关电路提供。

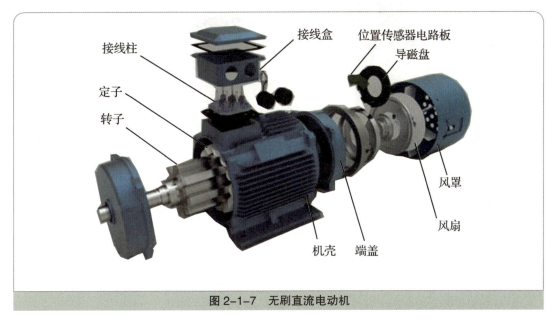

图 2-1-7　无刷直流电动机

位置传感器有磁敏式、光电式和电磁式三种类型。

采用磁敏式位置传感器的无刷直流电动机，其磁敏传感器件（如霍尔元件、磁敏二极管、磁敏三极管、磁敏电阻器或专用集成电路等）装在定子组件上，用来检测永磁体及转子旋转时产生的磁场变化。图 2-1-8 所示为磁敏式位置传感器。

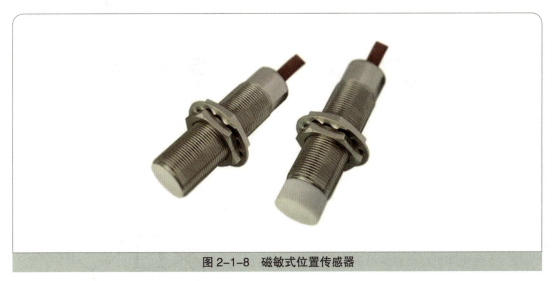

图 2-1-8　磁敏式位置传感器

采用光电式位置传感器的无刷直流电动机，在定子组件上按一定位置配置了光电传感器件，转子上装有遮光板，光源为发光二极管或小灯泡（见图 2-1-9）。转子旋转时，由于遮光板的作用，定子上的光敏元器件会按一定频率间歇产生脉冲信号。

采用电磁式位置传感器的无刷直流电动机，是在定子组件上安装有电磁传感器部件（如耦合变压器、接近开关、LC 谐振电路等），当永磁体转子位置发生变化时，电磁效应将使电磁传感器产生高频调制信号（其幅值随转子位置而变化）。

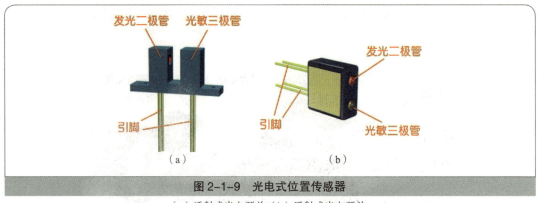

图 2-1-9 光电式位置传感器
（a）透射式光电开关；（b）反射式光电开关

2）永磁直流电动机

永磁直流电动机也由定子磁极、转子、电刷和外壳等组成，定子磁极采用永磁体（永久磁钢），包括铁氧体、铝镍钴和钕铁硼等材料。其结构形式不同可分为圆筒型和瓦块型等几种。录放机中使用的电动机多数为圆筒型磁体，而电动工具及汽车用电器中使用的电动机多数采用瓦块型磁体。图 2-1-10 所示为永磁直流电动机磁极。

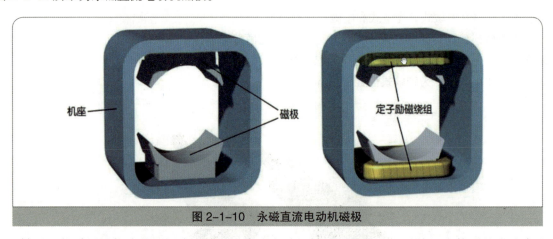

图 2-1-10 永磁直流电动机磁极

转子一般采用硅钢片叠压而成，较电磁直流电动机转子的槽数少。录放机中使用的小功率电动机多数为 3 槽，较高档的为 5 槽或 7 槽。漆包线绕在转子铁芯的两槽之间（三槽即有 3 个绕组），其各接头分别焊在换向器的金属片上。电刷是连接电源与转子绕组的导电部件，具备导电与耐磨两种性能。永磁电动机的电刷使用单性金属片或金属石墨电刷、电化石墨电刷。图 2-1-11 所示为永磁直流电动机内部磁极和磁路。

3）电磁直流电动机

电磁直流电动机由定子磁极、转子（电枢）、换向器、电刷、机壳和轴承等构成，如图 2-1-12

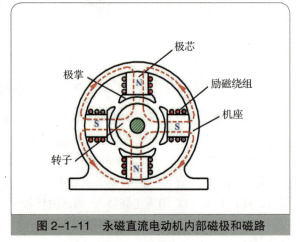

图 2-1-11 永磁直流电动机内部磁极和磁路

和图 2-1-13 所示。

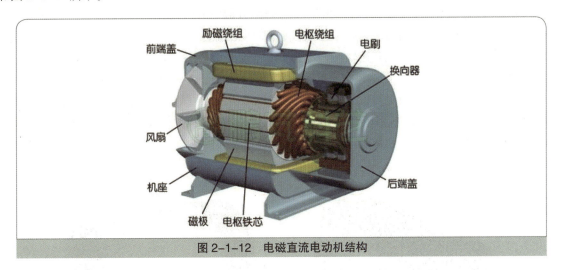

图 2-1-12　电磁直流电动机结构

图 2-1-13　电磁直流电动机电枢

电磁直流电动机的定子磁极（主磁极）由铁芯和励磁绕组构成。根据其励磁（旧标准称为激磁）方式的不同，又可分为串励直流电动机、并励直流电动机、他励直流电动机和复励直流电动机。因励磁方式不同，定子磁极磁通（由定子磁极的励磁线圈通电后产生）的规律也不同，如图 2-1-14 所示。

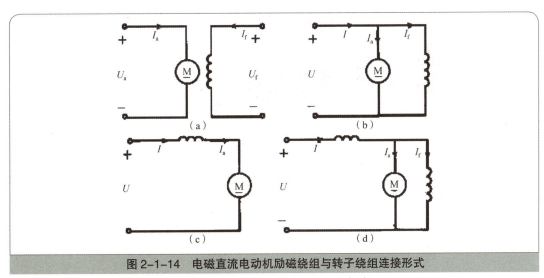

图 2-1-14　电磁直流电动机励磁绕组与转子绕组连接形式
(a) 他励；(b) 并励；(c) 串励；(d) 复励

串励直流电动机的励磁绕组与转子绕组之间通过电刷和换向器相串联，励磁电流与电枢电流成正比，定子的磁通量随着励磁电流的增大而增大，转矩近似与电枢电流的平方成正比，转速随转矩或电流的增加而迅速下降。其起动转矩可达额定转矩的 5 倍以上，短时间过载转矩可达额定转矩的 4 倍以上，转速变化率较大，空载转速较高（一般不允许其在空载下运行）。可通过用外用电阻器与串励绕组串联（或并联），或将串励绕组并联换接来实现调速。图 2-1-15 所示为串励直流电动机。

并励直流电动机的励磁绕组与转子绕组并联，其励磁电流较恒定，起动转矩与电枢电流成正比，起动电流约为额定电流的 2.5 倍。转速则随电流及转矩的增大而略有下降，短时过载转矩为额定转矩的 1.5 倍。转速变化率较小，为 5%~15%，可通过削弱磁场的恒功率来调速。图 2-1-16 所示为并励直流电动机。

图 2-1-15　串励直流电动机

图 2-1-16　并励直流电动机

他励直流电动机的励磁绕组接到独立的励磁电源供电，其励磁电流也较恒定，起动转矩与电枢电流成正比。转速变化率也为 5%~15%，可以通过削弱磁场恒功率来提高转速或通过降低转子绕组的电压来使转速降低。图 2-1-17 所示为他励直流电动机。

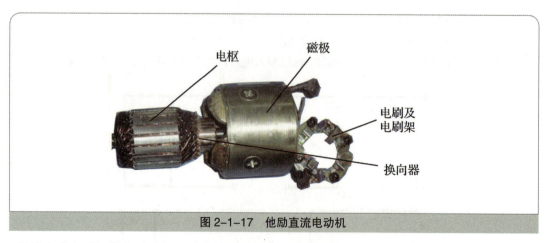

图 2-1-17　他励直流电动机

复励直流电动机的定子磁极上除有并励绕组外，还装有与转子绕组串联的串励绕组（其匝数较少）。串励绕组产生磁通的方向与主绕组的磁通方向相同，起动转矩约为额定转矩的 4 倍，短时间过载转矩为额定转矩的 3.5 倍左右；转速变化率为 25%~30%（与串联绕组有关），转速可通过削弱磁场强度来调整。图 2-1-18 所示为复励直流电动机。

2.1 认识新能源汽车驱动电机

图 2-1-18 复励直流电动机

2. 交流电动机

1）交流同步电动机

交流同步电动机是一种恒速驱动电机，其转子转速与电源频率保持恒定的比例关系，被广泛应用于电子仪器仪表、现代办公设备和纺织机械等。

（1）永磁同步电动机。

永磁同步电动机属于异步起动永磁同步电动机，其磁场系统由一个或多个永磁体组成，通常是在用铸铝或铜条焊接而成的笼型转子的内部，按所需的极数装镶有永磁体的磁极。定子结构与异步电动机类似。图 2-1-19 所示为永磁同步电动机。

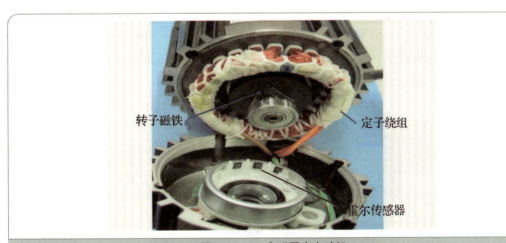

图 2-1-19 永磁同步电动机

当定子绕组接通电源后，电动机以异步电动机原理起动转动，加速运转至同步转速时，由转子永磁磁场和定子磁场产生的同步电磁转矩（由转子永磁磁场产生的电磁转矩与定子磁场产生的磁阻转矩合成）将转子牵入同步，电动机进入同步运行。图 2-1-20 和图 2-1-21 所示分别为永磁同步电动机的转子和定子。

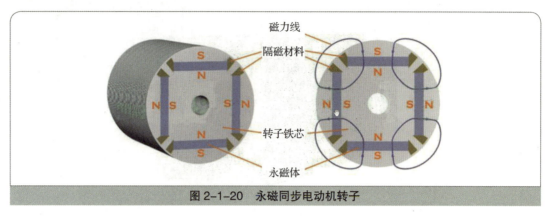

图 2-1-20　永磁同步电动机转子

图 2-1-21　永磁同步电动机定子

（2）磁阻同步电动机。

磁阻同步电动机也称反应式同步电动机，是利用转子交轴和直轴磁阻不等而产生磁阻转矩的同步电动机，其定子与异步电动机的定子结构类似，只是转子结构不同。图 2-1-22 所示为磁阻同步电动机。

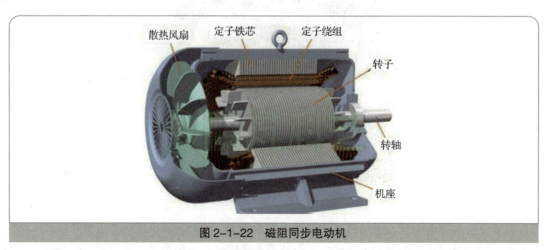

图 2-1-22　磁阻同步电动机

磁阻同步电动机是由笼型异步电动机演变来的，为了使异步电动机能产生同步起动转矩，转子还设有笼型铸铝绕组。转子上开设有与定子极数相对应的反应槽（仅有凸极部分的作用，无励磁绕组和永久磁铁），用来产生磁阻同步转矩。根据转子上反应槽结构的不同，可分为内反应式转子、外反应式转子和内外反应式转子，其中，外反应式转子反应槽开有转子外圆，使其直轴与交轴方向气隙不等；内反应式转子的内部开有沟槽，使交轴方向磁通受阻，磁阻加大。内外反应式转子结合以上两种转子的结构特点，直轴与交轴差别较大，使电动机的力能较大。磁阻同步电动机也分为单相电容运转式、单相电容起动式和单相双值电容式等多种类型。图2-1-23所示为磁阻电动机原理。

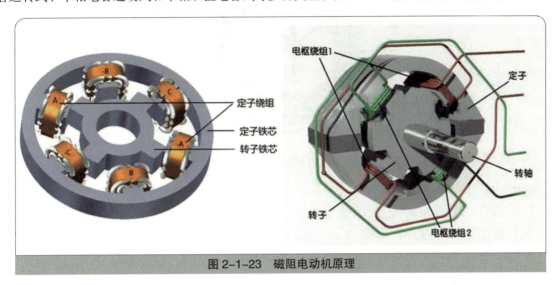

图2-1-23 磁阻电动机原理

（3）磁滞同步电动机。

磁滞同步电动机是利用磁滞材料产生磁滞转矩而工作的同步电动机。它分为内转子式磁滞同步电动机、外转子式磁滞同步电动机和单相罩极式磁滞同步电动机。

内转子式磁滞同步电动机的转子结构为隐极式，外观为光滑的圆柱体，转子上无绕组，但铁芯外圆上有用磁滞材料制成的环状有效层。

定子绕组接通电源后，产生的旋转磁场使磁滞转子产生异步转矩而起动旋转，随后自行牵入同步运转状态。在电动机异步运行时，定子旋转磁场以转差频率反复地磁化转子；在同步运行时，转子上的磁滞材料被磁化而出现了永磁磁极，从而产生同步转矩。图2-1-24所示为磁滞同步电动机。

图2-1-24 磁滞同步电动机

2）交流异步电动机

交流异步电动机是领先交流电压运行的电动机，广泛应用于电风扇、电冰箱、洗衣机、空调器、电吹风、吸尘器、油烟机、洗碗机、电动缝纫机和食品加工机等家用电器及各种电动工具、小型机电设备中。

电动机的转速（转子转速）小于旋转磁场的转速，从而称为异步电动机。它和感应电动机基本上是相同的。其转差率为

$$s = (n_s - n)/n_s$$

式中：s 为转差率，n_s 为磁场转速，n 为转子转速。

图2-1-25所示为交流异步电动机工作原理示意图。

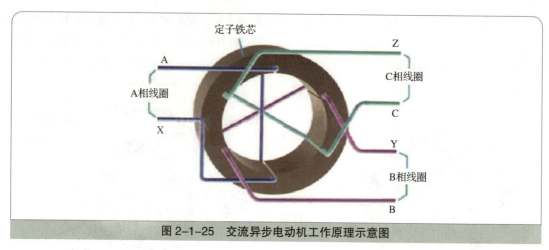

图 2-1-25 交流异步电动机工作原理示意图

基本原理：

①当三相异步电动机接入三相交流电源时，三相定子绕组流过三相对称电流产生三相磁动势（定子旋转磁动势）并产生旋转磁场。

②该旋转磁场与转子导体有相对切割运动，根据电磁感应原理，转子导体产生感应电动势并产生感应电流。

③根据电磁力定律，载流的转子导体在磁场中受到电磁力作用，形成电磁转矩，驱动转子旋转，当电动机轴上带机械负载时，便向外输出机械能。图 2-1-26 所示为三相异步鼠笼式电动机。

图 2-1-26 三相异步鼠笼式电动机

（1）单相异步电动机。

单相异步电动机由定子、转子、轴承、机壳和端盖等构成。定子由机座和带绕组的铁芯组成。铁芯由硅钢片冲槽叠压而成，槽内嵌装两套空间互隔 90° 电角度的主绕组（也称运行绕组）和副绕组（也称起动绕组）。主绕组接交流电源，副绕组串接离心开关 S 或起动电容、运行电容等之后，再接入电源。图 2-1-27 所示为单相异步电动机定子绕组。

2.1 认识新能源汽车驱动电机

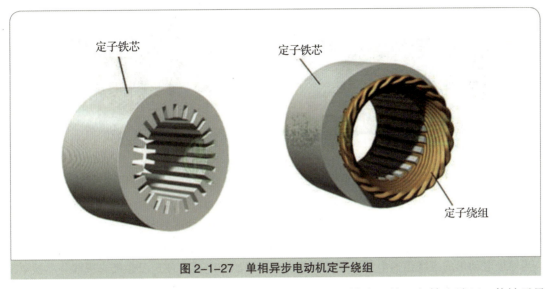

图 2-1-27 单相异步电动机定子绕组

转子为笼型铸铝转子，它是将铁芯叠压后用铝铸入铁芯的槽中，并一起铸出端环，使转子导条短路成鼠笼型，如图 2-1-28 所示。

单相异步电动机如图 2-1-29 所示，其又分为单相电阻起动异步电动机、单相电容起动异步电动机、单相电容运转异步电动机和单相双值电容异步电动机。

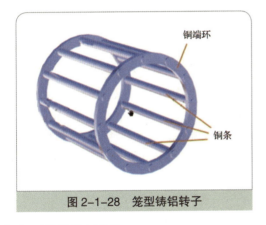

图 2-1-28 笼型铸铝转子

图 2-1-29 单相异步电动机

（2）三相异步电动机。

三相异步电动机的结构与单相异步电动机的相似，如图 2-1-30 所示，其定子铁芯槽中嵌装三相绕组（有单层链式、单层同心式和单层交叉式三种结构）。定子绕组接入三相交流电源后，绕组电流产生旋转磁场，在转子导体中产生感应电流，转子在感应电流和气隙旋转磁场的相互作用下又产生电磁转矩（即异步转矩），使电动机旋转。

（3）罩极式电动机。

罩极式电动机是单向交流电动机中最简单的一种，通常采用笼型斜槽铸铝转子。它根据定子外形结构的不同，又分为凸极式罩极电动机和隐极式罩极电动机，如图 2-1-31 所示。

凸极式罩极电动机的定子铁芯外形为方形、矩形或圆形的磁场框架，磁极凸出，每个磁极上均有 1 个或多个起辅助作用的短路铜环，即罩极绕组。凸极磁极上的集中绕组作为主绕组。

35

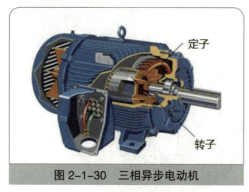

图 2-1-30　三相异步电动机

图 2-1-31　罩极式电动机

隐极式罩极电动机的定子铁芯与普通单相电动机的铁芯相同，其定子绕组采用分布绕组，主绕组分布于定子槽内，罩极绕组不用短路铜环，而是用较粗的漆包线绕成分布绕组（串联后自行短路）嵌装在定子槽中（约为总槽数的 2/3），起辅助绕组的作用。主绕组与罩极绕组在空间相距一定的角度。

当罩极电动机的主绕组通电后，罩极绕组也会产生感应电流，使定子磁极未罩部分向被罩部分的方向旋转。

四、驱动电机的性能参数

电动汽车特殊的工作环境，决定对电动汽车用驱动电机有以下要求：

（1）高比功率：高比功率可减小对有效空载空间的占用，减少系统的质量。体积和质量小，即减小有限的车载空间，特别是总质量的减小。

（2）高效率：在复杂路况、行驶方式频繁改变以及低负荷运行时都要有较高的效率，以节约电能。

（3）低转速大扭矩特性及宽范围恒功率特性：以获得所需的起动、加速、行驶、减速、制动等所需要的转矩和功率。

（4）高压：在允许的范围内尽可能采用高压，以减小驱动电机的尺寸和降低逆变器的成本。

（5）高电气系统安全：各种电池组和驱动电机的工作电压可达到 300 V 以上，电气系统的安全性和控制系统的安全性都必须符合相关车辆电机控制的安全性能和规定。

（6）低价格：便于普及。

驱动电机的性能参数对比如表 2-1-1 所示。

表 2-1-1　驱动电机的性能参数对比

电动机类型	永磁同步	交流异步	开关阻尼
最高效率 /%	97	95	90
10% 负荷对应效率 /%	92	85	86
最高转速 /（r·min^{-1}）	10 000	15 000	15 000
单位功率成本	1.5	1.2	1.0
控制价格	2.5	3.5	4.5
可靠性	良	优	优
功率密度	好	一般	一般
调速范围	4 000~15 000	9 000~15 000	<15 000

五、常见驱动电机配置

1. 特斯拉驱动电机

特斯拉驱动电机（见图 2-1-32）为自主研发的三相感应电动机，拥有最优的缠绕线性，能极大减少阻力和能量损耗。同时，相对整车，其体积非常小。

图 2-1-32 特斯拉驱动电机

通过高性能信号处理器将制动、加速、减速等需求转为数字信号，控制转动变频器将电池组的直流电与交流电相互转换，以带动三相感应电动机为汽车提供动力。

2. 比亚迪驱动电机

比亚迪电动汽车现在使用的驱动电机（见图 2-1-33）为交流无刷永磁同步电动机，通过采集电动机的旋变信号进行工作。当车辆要行驶时，通过旋转变压器检测到驱动电机的位置，位置信号通过控制器的处理发送相关信号控制 IGBT，逻辑信号控制 IGBT 开断，控制器输出近似正弦波交流电。

图 2-1-33 比亚迪 e6 驱动电机

动力电机额定功率为 75 kW，最大功率为 120 kW，由外圈的定子与内圈的转子组成，是汽车的唯一动力源，可向外输出扭矩，驱动汽车前进、后退；同时也可以作为发电机发电（例如，在高坡下滑、高速滑行以及制动过程中把势能或者动能通过电机转化为电能存储）。

3. 荣威 e50 驱动电机

荣威 e50 使用的电动机（见图 2-1-34）是交流同步电动机，电动机总成采用 DEXRONHP 油冷的方式进行冷却。

定子是由三相绕组构成的回路，三相绕组分别为 U\V\W，以 Y 型方式连接。Y 型连接方式的特点是每个回路都连接在同一个端点，车的高压电缆分别连到电动机的每个绕组上。

图 2-1-34　荣威 e50 驱动电机

4. 北汽 EV150 驱动电机

北汽 EV150 采用的是永磁同步电动机（见图 2-1-35），具有效率高、体积和质量小及可靠性高等优点。

永磁同步电动机是电机系统的重要执行机构，是电能向机械能转化的部件，并可将自身的运行状态的信息发送给电机控制器。

图 2-1-35　北汽 EV150 永磁同步电动机

2.1 认识新能源汽车驱动电机

实训项目 新能源汽车驱动电机辨认

（一）工作准备

（1）分组，确定小组长，明确其组员分工。
（1）防护装备：无。
（2）车辆、台架、总成：新能源整车或挂图、模型；能连接互联网的计算机或移动终端。
（3）专用工具、设备：无。
（4）手工工具：无。
（5）辅助材料：无。

（二）实施步骤

（1）对新能源汽车做好停放安全标识和防护。
（2）打开机舱盖查阅驱动电机铭牌，记录相关技术参数。
（3）对所查询出的相关信息进行分析、学习和讨论。
（4）小组讨论完成如下要求的内容：

实训新能源汽车品牌：_____；型号：_____。
驱动电机的类型：_____。
驱动电机额定工作电压：_____；最大工作电压：_____。
驱动电机额定功率：_____；最大功率：_____。
驱动电机冷却方式：_____。

（三）评价与反馈

考核项目	评分标准	分数	学生自评	小组互评	教师评价	小计
团队合作	是否和谐	5				
活动参与	是否积极主动	5				
安全操作	有无安全隐患	10				
现场6S	是否做到	10				
任务方案	是否正确、合理	15				
操作过程	按操作步骤完成并完成相关内容的填写	30				
课题完成情况	是否圆满完成	5				
工具和设备使用	是否规范、标准	10				
劳动纪律	是否严格遵守	5				
工单填写	是否完整、规范	5				
总分		100				
教师签名				得分		

项目二 新能源汽车基础

练习

一、选择题

1. 电动机常用符号（　　）表示。
   A. "G"　　　　B. "T"　　　　C. "M"　　　　D. "C"

2. 新能源汽车与普通燃油汽车的最主要区别就在于（　　）系统。
   A. 传动系统　　B. 制动系统　　C. 电机驱动系统　　D. 冷却系统

3. 交流同步电动机可划分永磁同步电动机、磁阻同步电动机和（　　）三类。
   A. 磁滞同步电动机　　B. 交流串励电动机　　C. 交流并励电动机　　D. 交流感应电动机

4. 无刷直流电动机是采用半导体开关器件来实现电子换向的，即用（　　）代替传统的接触式换向器和电刷。
   A. 继电器　　B. 电子开关器件　　C. 二极管　　D. 电阻

5. 交流同步电动机是一种恒速驱动电机，其转子转速与电源频率保持（　　）的比例关系。
   A. 正比　　B. 恒定　　C. 反比　　D. 2倍

二、简答题

1. 新能源汽车驱动电机的定义是什么？
2. 交流电机的分类有哪些？
3. 请简要写出永磁同步电动机的工作过程。
4. 请简要列出磁阻同步电动机的结构组成。
5. 请简要列出三相异步电动机的结构组成。

三、分析题

电动汽车特殊的工作环境决定其对电动汽车用驱动电机有哪些技术要求？

2.2 认识新能源汽车电机驱动器

学习目标

1. 了解电机驱动器的功能。
2. 掌握电机驱动器内部的基本结构。
3. 掌握电机驱动器主要接口的定义。
4. 了解电机驱动器外围附件的功能。

一、电机驱动器的功能

电机驱动器又称驱动电机管理系统（MCU）。电机驱动器是电机系统的控制中心。电机驱动器的作用是对所有的输入信号进行处理，控制电机的运行状态，并将电机控制系统运行状态的信号发送给整车控制器。电机驱动器内含功能诊断电路，当诊断出异常时，它将会激活一个错误代码，发送给整车控制器。图 2-2-1 所示为电机驱动器及其安装位置。

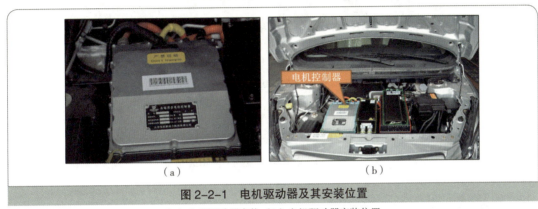

图 2-2-1　电机驱动器及其安装位置
（a）电机驱动器实物；（b）电机驱动器安装位置

电机驱动器是由逆变器（IGBT 绝缘栅双极型晶体管）和控制器两部分组成的，如图 2-2-2 所示。IGBT 模块将电池输送过来的直流电逆变成电压、电流、频率可调的三相交流电压输送给驱动电机。控制器监控电机温度，并旋变信号反馈到 VCU，当发生制动或者加速行为时，控制器通过控制电流和 IGBT 工作频率，达到控制整车加减速和制动能量回收的目的。

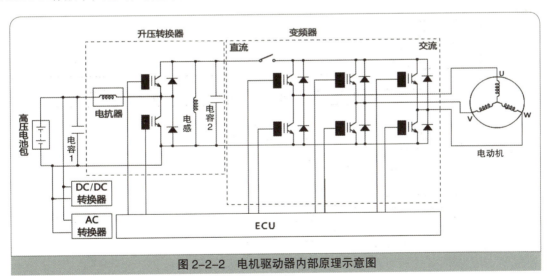

图 2-2-2　电机驱动器内部原理示意图

二、电机驱动系统

1. 电机驱动系统主要组成

电机驱动系统主要由电动机组件、电力电子箱组件、减速器组件和电机驱动冷却系统组件组成，如图 2-2-3 所示，主要功能是驱动汽车行驶及制动能量回收。

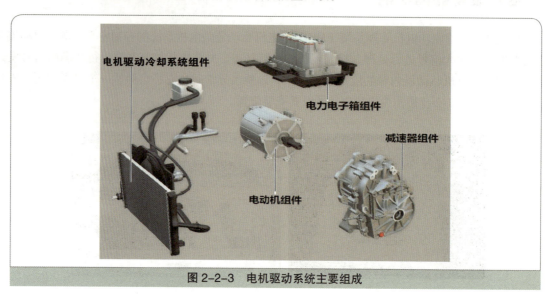

图 2-2-3　电机驱动系统主要组成

2. 电机驱动系统电气连接

电机驱动系统电气连接如图 2-2-4 所示。

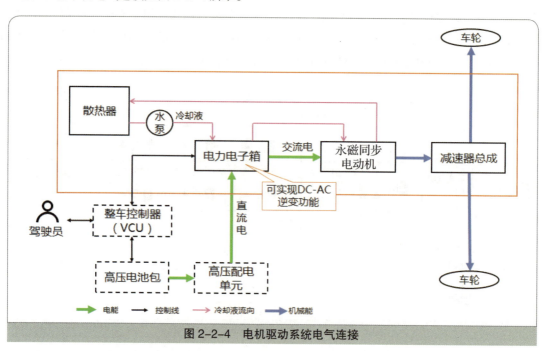

图 2-2-4　电机驱动系统电气连接

3. 电机驱动系统控制原理

通过传感器采集各部件的信息，将数据传送给整车控制器，经过处理后，形成新的指令信号传送到相应的功能模块，以实现驱动控制、制动能量回收控制、电能补给和冷却控制等。图 2-2-5 所示为电机驱动系统控制原理。

2.2 认识新能源汽车电机驱动器

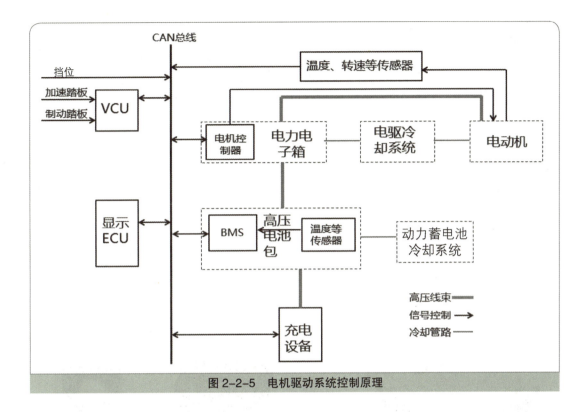

图 2-2-5 电机驱动系统控制原理

4. 电机控制方式

电机控制方式主要有电压控制、电流控制、频率控制、弱磁控制、矢量控制、直接转矩控制。

1）电压控制

电压控制是通过改变电机端电压而实现转速控制的控制方式。

2）电流控制

电流控制是通过改变电机绕组电流而实现转速控制的控制方式。

3）频率控制

频率控制是通过改变电机的电源频率而实现转速控制的控制方式。

4）弱磁控制

弱磁控制是通过减磁气隙磁场控制电机转速的控制方式。

5）矢量控制

矢量控制是通过将交流电机的定子电流作为矢量，经坐标变换分解成与直流电机的励磁电流和电枢电流相对应的独立控制电流分量，以实现电机转速/转矩控制的方式。

6）直接转矩控制

直接转矩控制是用空间矢量的分析方法，直接在定子坐标系下计算并控制交流电机的转矩，采用定子磁场定向，借助于离散的两点式调节产生 PWM 信号，直接对逆变器的开关状态进行控制，以获得转矩的高动态性能的控制方式。

随着电动汽车和控制技术的发展，现代控制和智能控制在电机控制中的应用已成为趋势。

三、驱动电机控制策略

驱动电机控制策略（见图 2-2-6）是通过传感器检测电机的工作状态。传感器有电流传感器、电压传感器、温度传感器。电流传感器：用以检测电机工作的实际电流（包括母线电流、三相交流电流）；电压传感器：用以检测供给电机控制器工作的实际电压（包括高压电池电压、蓄电池电压）；温度传感器：用以检测电机控制系统的工作温度（包括电机温度、电机控制器温度）。

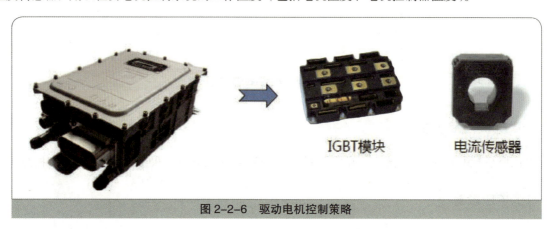

图 2-2-6　驱动电机控制策略

1. 电流传感器

1）电流传感器定义

电流传感器也称磁传感器（见图 2-2-7），是一种检测装置，能感受到被测电流的信息，并能将感受到的信息按一定规律变换成符合一定标准需要的电信号或其他所需形式的信息输出，以满足信息的传输、处理、存储、显示、记录和控制等要求。

2）电流传感器分类

电流传感器依据测量原理不同，主要可分为电子式电流传感器、电磁式电流传感器和分流器等。

图 2-2-7　电流传感器

电子式电流传感器：包括霍尔电流传感器（重点介绍）、罗柯夫斯基电流传感器及专用于变频电量测量的 AnyWay 变频功率传感器。

电磁式电流传感器：有铁磁饱和高，传输频带宽，二次负荷容量小，尺寸和质量小的特点，是今后电流传感器的发展方向。

霍尔电流传感器：基于磁平衡式霍尔原理，根据霍尔效应原理，从霍尔元件的控制电流端通入电流 I_c，并在霍尔元件平面的法线方向上施加磁场强度为 B 的磁场，那么在垂直于电流和磁场方向（即霍尔输出端之间），将产生一个电势 V_H，称其为霍尔电势，其大小正比于控制电流 I 与磁场强度 B 的乘积。

3）霍尔电流传感器工作原理

霍尔电流传感器基于霍尔磁平衡原理（闭环）和霍尔直测式（开环）两种基本原理。

开环电流传感器的原理：原边电流 I_P 产生的磁通被高品质磁芯聚集在磁路中，霍尔元件固定在很小的气隙中，对磁通进行线性检测，霍尔器件输出的霍尔电压经过特殊电路处理后，副边输出与原边波形一致的跟随输出电压，此电压能够精确反映原边电流的变化。

霍尔电流传感器可以测量各种类型的电流，从直流电到几十千赫兹的交流电，其所依据的工作原理主要是霍尔效应。

当原边导线经过电流传感器时，原边电流 I_P 会产生磁力线。原边磁力线集中在磁芯周围，内置在磁芯气隙中的霍尔电极可产生和原边磁力线成正比的、大小仅几毫伏的电压，电子电路可把这个微小的信号转变成副边电流 I_S。

电流传感器的输出信号是副边电流 I_S，它与输入信号（原边电流 I_P）成正比，I_S 一般很小，只有 100~400 mA。如果输出电流经过测量电阻 R_M，则可以得到一个与原边电流成正比的、大小为几伏的输出电压信号。图 2-2-8 所示为霍尔电流传感器的工作原理。

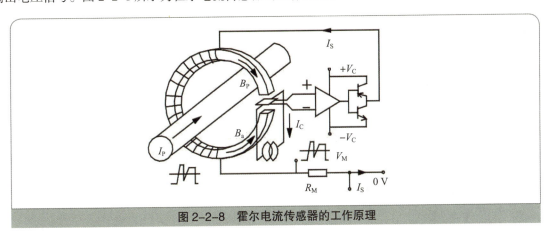

图 2-2-8　霍尔电流传感器的工作原理

2. 电压传感器

1）电压传感器定义

电压传感器是一种检测装置，能检测到被测电压的信息，并能将检测到的信息按一定规律变换成符合一定标准需要的电信号或其他所需形式的信息输出，以满足信息的传输、处理、存储、显示、记录和控制等要求。图 2-2-9 所示为电压传感器。

图 2-2-9　电压传感器

2）电压传感器分类

电压传感器分为直流电压传感器和交流电压传感器。交流电压传感器是一种能将被测交流电流（交流电压）转换成按线性比例输出直流电压或直流电流的仪器，广泛应用于电力、邮电、石油、煤炭、冶金、铁道、市政等部门的电气装置、自动控制以及调度系统。交流电压传感器具有单路、三路组合结构形式。直流电压传感器是一种能将被测直流电压转换成按线性比例输出直流电压或直流电流的仪器，广泛应用在电力、远程监控、仪器仪表、医疗设备、工业自控等各个需要电量隔离测控的行业。

3）电压传感器工作原理

霍尔原理：霍尔电压传感器是一种利用霍尔效应，将原边电压通过外置或内置电阻，将电流限制在 10 mA，此电流经过多匝绕组之后，经过聚磁材料使原边电流产生的磁场被气隙中的霍尔元件检测到，并感应出相应电动势，该电动势经过电路调整后反馈给补偿线圈进而补偿，该补偿线圈产生的磁通与原边电流（被测电压通过限流电阻产生）产生的磁通大小相等、方向相反，从而在磁芯中保持磁通为零。实际上霍尔电压传感器利用的是和磁平衡闭环霍尔电流传感器一样的技术，即零磁通霍尔电流传感器。

3. 温度传感器

温度传感器的定义及分类：

温度传感器是指能感受温度并转换成可用输出信号的传感器。温度传感器是温度测量仪表的核心部分，品种繁多。按测量方式划分，温度传感器可分为接触式和非接触式两类；按照传感器材料及电子元件特性划分，温度传感器分为热电阻和热电偶两类。

接触式温度传感器的检测部分与被测对象有良好的接触，又称温度计。温度计通过传导或对流达到热平衡，从而使温度计的示值能直接表示被测对象的温度。

非接触式温度传感器的敏感元件与被测对象互不接触，又称非接触式测温仪表。这种仪表可用来测量运动物体、小目标和热容量小或温度变化迅速（瞬变）的对象的表面温度，也可用于测量温度场的温度分布。

四、电机驱动器功率元件 IGBT

1. IGBT 功用

IGBT（Insulated Gate Bipolar Transistor）为绝缘栅双极型晶体管，是由 BJT（双极型三极管）和 MOS（绝缘栅型场效应管）组成的复合全控型电压驱动式功率半导体器件，兼有 MOSFET 的高输入阻抗和 GTR 的低导通压降两方面的优点，如图 2-2-10 所示。GTR 饱和压降低，载流密度大，但驱动电流较大；MOSFET 驱动功率很小，开关速度快，但导通压降大，载流密度小。IGBT 综合了以上两种器件的优点，驱动功率小，饱和压降低，非常适合应用于直流电压为 600 V 及以上的变流系统，如变频器、开关电源、照明电路和牵引传动等领域。

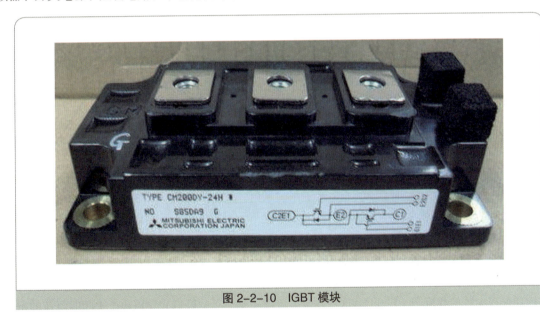

图 2-2-10　IGBT 模块

IGBT 模块是由 IGBT（绝缘栅双极型晶体管芯片）与 FWD（续流二极管芯片）通过特定的电路桥封装而成的模块化半导体产品，封装后的 IGBT 模块直接应用于变频器和 UPS 不间断电源等设备上。

2. IGBT 结构

N 沟道增强型绝缘栅双极晶体管结构，N^+ 区称为源区，附于其上的电极称为源极（即发射极 E）。N 基极称为漏区。器件的控制区为栅区，附于其上的电极称为栅极（即门极 G）。沟道在紧靠栅区边界形成。在 C、E 两极之间的 P 型区（包括 P^+ 和 P^- 区）（沟道在该区域形成），称为亚沟道区。而在漏区另一侧的 P^+ 区称为漏注入区，它是 IGBT 特有的功能区，与漏和亚沟道区一起形成 PNP 双极晶体管，起发射极的作用，向漏极注入空穴，进行导电调制，以降低器件的通态电压。附于漏注入区上的电极称为漏极（即集电极C）。IGBT结构如图2-2-11所示。

IGBT的开关作用是通过加正向栅极电压形成沟道，给PNP（原来为NPN）晶体管提供基极电流，使IGBT导通；反之，加反向门极电压消除沟道，切断基极电流，使IGBT关断。IGBT的驱动方法和MOSFET基本相同，只需控制输入极N⁻沟道MOSFET，所以具有高输入阻抗特性。当MOSFET的沟道形成后，从P⁺基极注入N⁻层的空穴（少子），对N⁻层进行电导调制，减小N⁻层的电阻，使IGBT在高压时也具有低的通态电压。

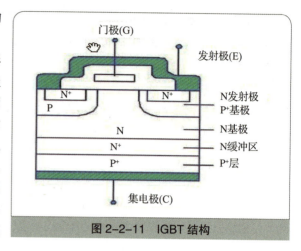

图2-2-11　IGBT结构

3. IGBT工作原理

1）导通

IGBT硅片的结构与功率MOSFET的结构十分相似，主要差异是IGBT增加了P⁺基片和一个N⁺缓冲层。基片的主要作用是在管体的P⁺和N⁺区之间创建了一个J1结。当正栅偏压使栅极下面反演P基区时，一个N沟道形成，同时出现一个电子流，并完全按照功率MOSFET的方式产生一股电流。如果这个电子流产生的电压低于0.7 V，那么，J1将处于正向偏压，一些空穴注入N⁻区内，并调整阴阳极之间的电阻率，这种方式降低了功率导通的总损耗，并起动了第二个电荷流。最后的结果是，在半导体层次内临时出现两种不同的电流拓扑：一个电子流（MOSFET电流）；一个空穴电流（双极）。

2）关断

当在栅极施加一个负偏压或栅压低于门限值时，沟道被禁止，没有空穴注入N⁻区内。在任何情况下，如果MOSFET电流在开关阶段迅速下降，集电极电流则逐渐降低，这是因为换向开始后，在N层内还存在少数的载流子（少子）。这种残余电流值（尾流）的降低完全取决于关断时电荷的密度，而密度又与几种因素有关，如掺杂质的数量和拓扑，层次厚度和温度。少子的衰减使集电极电流具有特征尾流波形，集电极电流引起以下问题：功耗升高；交叉导通问题，特别是在使用续流二极管的设备上，问题更加明显。

4. IGBT检测方法

1）判断极性

首先将万用表拨在"R×1 kΩ"挡，用万用表测量时，若某一极与其他两极阻值为无穷大，调换表笔后该极与其他两极的阻值仍为无穷大，则判断此极为栅极（G）。其余两极再用万用表测量，若测得阻值为无穷大，则调换表笔后测量阻值较小。在测量阻值较小的一次中，判断出红表笔接的为集电极（C）、黑表笔接的为发射极（E）。

2）判断好坏

将万用表拨在"R×10 kΩ"挡，用黑表笔接 IGBT 的集电极（C），红表笔接 IGBT 的发射极（E），此时万用表的指针在零位。用手指同时触及一下栅极（G）和集电极（C），这时 IGBT 被触发导通，万用表的指针摆向阻值较小的方向，并能指示在某一位置。然后再用手指同时触及一下栅极（G）和发射极（E），这时 IGBT 被阻断，万用表的指针回零。此时即可判断 IGBT 是好的。

3）检测注意事项

任何指针式万用表皆可用于检测 IGBT。注意判断 IGBT 好坏时，一定要将万用表拨在"R×10 kΩ"挡，因"R×10 kΩ"挡以下各挡万用表内部电池的电压太低，检测好坏时不能使 IGBT 导通，而无法判断 IGBT 的好坏。此方法同样可用于检测功率场效应晶体管（P-MOSFET）的好坏。

五、电机驱动器电机转角信号采集（旋转变压器）

1. 旋转变压器的功用和组成

旋转变压器是一种电磁式传感器，又称同步分解器。它是一种测量角度用的小型交流电动机，用来测量旋转物体的转轴角位移和角速度，由定子和转子组成，如图 2-2-12 所示。定子绕组作为变压器的原边，接受励磁电压，励磁频率通常采用 400 Hz、3 000 Hz 及 5 000 Hz 等；转子绕组作为变压器的副边，通过电磁耦合得到感应电压。

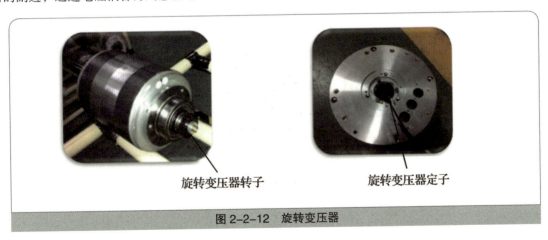

图 2-2-12　旋转变压器

2. 旋转变压器分类

按输出电压与转子转角间的函数关系划分，旋转变压器主要分三大类：

（1）正余弦旋转变压器，其输出电压与转子转角的函数关系成正弦或余弦函数关系，如图 2-2-13 所示。

（2）线性旋转变压器，其输出电压与转子转角成线性函数关系。线性旋转变压器按转子结构又分成隐极式和凸极式两种。

（3）比例式旋转变压器，其输出电压与转角成比例关系。

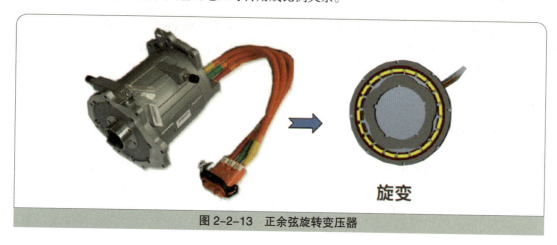

图 2-2-13　正余弦旋转变压器

3. 旋转变压器的工作原理

旋转变压器的工作原理和普通变压器的基本相似（见图 2-2-14），区别在于普通变压器的原边、副边绕组是相对固定的，所以输出电压和输入电压之比是常数，而旋转变压器的原边、副边绕组则随转子的角位移发生相对位置的改变，因而其输出电压的大小随转子角位移而发生变化，输出绕组的电压幅值与转子转角成正弦、余弦函数关系，或保持某一比例关系，或在一定转角范围内与转角成线性关系。旋转变压器在同步随动系统及数字随动系统中可用于传递转角或电信号；在解算装置中可作为函数的解算之用，故也称为解算器。

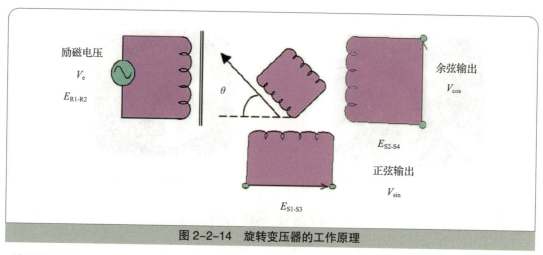

图 2-2-14　旋转变压器的工作原理

旋转变压器一般有两极绕组和四极绕组两种结构形式。两极绕组旋转变压器的定子和转子各有一对磁极，四极绕组转变压器则各有两对磁极，主要用于高精度的检测系统。除此之外，还有多极式旋转变压器，用于高精度绝对式检测系统。

4. 旋转变压器结构

旋转变压器的结构和两相绕组式异步电动机的结构相似，可分为定子和转子两大部分。定子和转子的铁芯由铁镍软磁合金或硅钢薄板冲成的槽状芯片叠成。它们的绕组分别嵌入各自的槽状铁芯内。定子绕组通过固定在壳体上的接线柱直接引出。转子绕组有两种不同的引出方式，根据转子绕组引出方式的不同，旋转变压器分为有刷式和无刷式两种结构形式。

有刷式旋转变压器如图2-2-15所示。它的转子绕组通过滑环和电刷直接引出，其特点是结构简单，体积小，但因电刷与滑环是机械滑动接触的，所以旋转变压器的可靠性差，寿命也较短。

无刷式旋转变压器如图2-2-16所示。它分为两大部分，即旋转变压器本体和附加变压器。附加变压器的原、副边铁芯及其线圈均成环形，分别固定于转子轴和壳体上，径向留有一定的间隙。旋转变压器本体的转子绕组与附加变压器原边线圈连在一起，在附加变压器原边线圈中的电信号，即转子绕组中的电信号，通过电磁耦合，经附加变压器副边线圈间接地送出去。这种结构避免了电刷与滑环之间的不良接触造成的影响，提高了旋转变压器的可靠性及使用寿命，但其体积、质量、成本均有所增加。

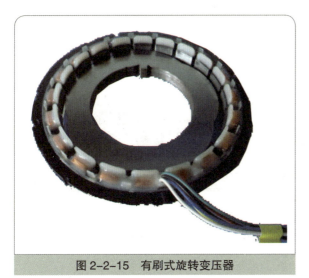

图2-2-15　有刷式旋转变压器

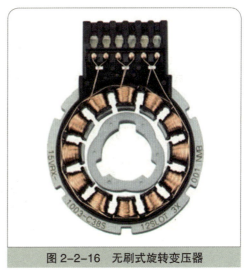

图2-2-16　无刷式旋转变压器

六、电机驱动系统温度保护功能

1. 电机温度保护

当控制器监测到驱动电机温度传感器显示"120 ℃≤温度＜140 ℃"时，降功率运行；显示"温度≥140 ℃"时，功率降至0，即停机。

2. 控制器温度保护

当控制器监测到散热基板温度为"温度≥85 ℃"时，超温保护，即停机；当控制器监测到散热基板温度为"75 ℃≤温度≤85 ℃"时，降功运行。

3. 冷却系统的控制策略

当控制器监测到驱动电机温度传感器显示"45 ℃≤温度＜50 ℃"时，冷却风扇低速起动；显示"温度≥50 ℃"时，冷却风扇高速起动；温度降至40 ℃时，冷却风扇停止工作。

当控制器监测到散热基板温度为"温度≥75 ℃"时，冷却风扇低速起动；温度≤80 ℃时，冷却风扇高速起动；温度降至75 ℃时，冷却风扇停止工作。

七、常见车型电机驱动器

1. EV200 电机驱动器

EV200 电机驱动器是电驱系统的控制中心，主要由 DC-AC 逆变模块、AC-DC 整流模块、温度保护模块和电子控制器组成。电机控制系统使用的传感器有电流传感器、电压传感器和温度传感器等。电机驱动器结构及接口如图 2-2-17 和图 2-2-18 所示。

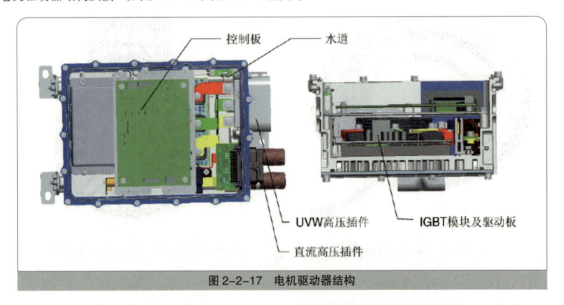

图 2-2-17　电机驱动器结构

图 2-2-18　电机驱动器接口

北汽 EV200 电机驱动器技术参数如表 2-2-1 所示。

表 2-2-1　北汽 EV200 电机驱动器技术参数

技术指标	技术参数
直流输入电压 /V	336
工作电压范围 /V	265~410
控制电源 /V	12
控制电源电压范围 /V	9~16（所有控制器具有低压电路控制）
标称容量 /（kV·A）	85
质量 /kg	9

2. 比亚迪秦电机驱动系统

比亚迪秦电机驱动系统如图 2-2-19 所示。

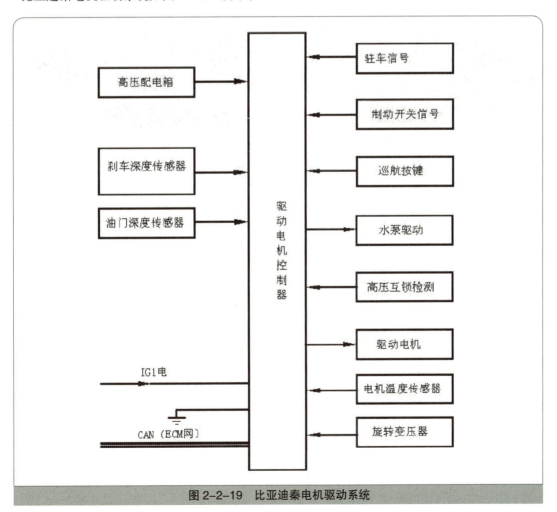

图 2-2-19　比亚迪秦电机驱动系统

图 2-2-20 所示为电机驱动器接口。

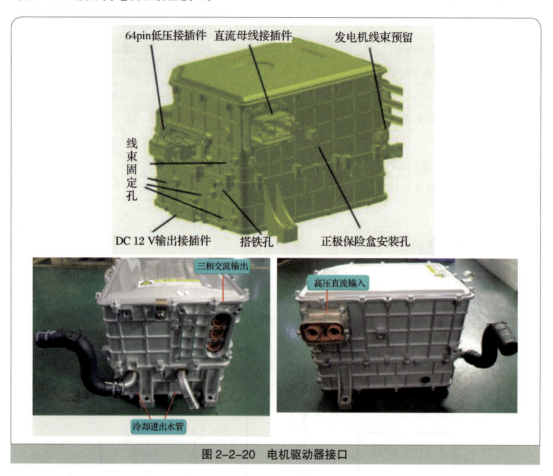

图 2-2-20 电机驱动器接口

实训项目一　新能源汽车电机驱动器接口定义辨认

（一）工作准备

（1）分组，确定小组长，明确其组员分工。
（2）防护装备：无。
（3）车辆、台架、总成：新能源整车或挂图、模型；能连接互联网的计算机或移动终端。
（4）专用工具、设备：无。
（5）手工工具：无。
（6）辅助材料：无。

（二）实施步骤

（1）对新能源汽车做好停放安全标识和防护。
（2）打开机舱盖查阅电机驱动器铭牌，记录相关技术参数。
（3）对所查询出的相关信息进行分析、学习和讨论。
（4）小组讨论完成如下要求的内容：

2.2 认识新能源汽车电机驱动器

实训新能源汽车品牌：_____；型号：_____。
工作电压范围：_____。
直流输入电压：_____；控制电源电压：_____。
控制电源电压范围：_____；标称容量：_____。
质量：_____。
（5）对照技术手册指出电机驱动器各接口的名称和功能。

实训项目二　电机驱动器拆装（选修）

（一）工作准备

（1）分组：确定小组长，明确其组员分工。
（2）防护装备：车内防护套件、高压安全防护等。
（3）车辆：能连接互联网的计算机或移动终端。
（4）专用工具、设备：电动汽车维修绝缘工具、专用仪器仪表等。
（5）手工工具：手动升降平台（独臂吊）。
（6）辅助材料：技术手册、记录工单等。

（二）实施步骤

序号	实施步骤	图片	注意事项
1	关闭点火开关，断开蓄电池负极		拆下的蓄电池负极用绝缘胶带进行包裹，避免与蓄电池正极接触
2	拔掉电机控制器低压线束插头		注意不要损坏插头

续表

序号	实施步骤	图片	注意事项
3	拔掉电机控制器高压输入输出线束插头		确认无高压后方可拆卸
4	松开散热器冷却液排放开关，将电机控制器内的冷却液排除		无
5	拆下电机控制器冷却液进、出水口连接软管的卡箍，拔下连接软管		拆装过程中电机控制器内会有少量冷却液流出，注意采取措施，以避免冷却液洒落到高压线上
6	拆卸电机控制器螺栓，取下电机控制器		无
7	安装顺序按照拆卸的相反顺序进行		

（三）评价与反馈

考核项目	评分标准	分数	学生自评	小组互评	教师评价	小计
团队合作	是否和谐	5				
活动参与	是否积极主动	5				
安全操作	有无安全隐患	10				
现场 6S	是否做到	10				
任务方案	是否正确、合理	15				
操作过程	按操作步骤完成并完成相关内容的填写	30				
课题完成情况	是否圆满完成	5				
工具和设备使用	是否规范、标准	10				
劳动纪律	是否严格遵守	5				
工单填写	是否完整、规范	5				
总分		100				
教师签名				得分		

一、选择题

1. 电机驱动器又称驱动电机管理系统（MCU），电机驱动器是电机系统的（　　）。
   A. 辅助装置　　　　　B. 控制中心　　　　　C. 附加系统　　　　　D. 电源中心
2. 电机驱动器是由逆变器（IGBT 绝缘栅双极型晶体管）和（　　）两部分组成的。
   A. 控制器　　　　　　B. 运算器　　　　　　C. 充电器　　　　　　D. 检测系统
3. 电机驱动系统主要由电动机组件、电力电子箱组件、减速器组件、（　　）系统组成。
   A. 电驱加热　　　　　B. 电驱润滑　　　　　C. 电驱冷却　　　　　D. 电驱节能
4. 电机控制方式主要有电压控制、（　　）、频率控制、弱磁控制、矢量控制、直接转矩控制等方式。
   A. 电流控制　　　　　B. 恒功控制　　　　　C. 恒矩控制　　　　　D. 恒温控制
5. 电流传感器依据测量原理不同，主要可分为电子式电流传感器、（　　）、分流器等。
   A. 电阻式电流传感器　　　　　　　　　　　B. 电容式电流传感器
   C. 电感式电流传感器　　　　　　　　　　　D. 电磁式电流传感器

二、简答题

1. 新能源汽车电机驱动器有哪些功能？
2. 新能源汽车电机驱动系统的控制原理是什么？
3. 新能源汽车驱动电机控制策略是什么？
4. 新能源汽车驱动系统中温度传感器分类有哪些？其工作原理是什么？
5. 请简要写出旋转变压器的功用和组成。

三、分析题

请分析电机驱动系统的温度保护功能。

项目三

混合动力汽车

随着世界各国环境保护的措施越来越严格，混合动力车辆由于其节能、低排放等特点成为汽车研究与开发的一个重点，并已经开始商业化。车辆驱动系统由两个或多个能同时运转的单个驱动系统联合组成，车辆的行驶功率依据实际的车辆行驶状态由单个驱动系统单独或共同提供。因各个组成部件、布置方式和控制策略的不同，车辆驱动系统形成了多种分类形式。混合动力装置既发挥了发动机持续工作时间长、动力性好的优点，又发挥了电动机无污染、低噪声的好处，二者"并肩战斗"，取长补短，汽车的热效率可提高10%以上，废气排放可改善30%以上。混合动力汽车使用的电力动力系统包括高效强化的电动机、发电机和蓄电池。蓄电池主要有铅酸电池、镍锰氢电池和锂电池。本项目将从两个课题（3.1 认识混合动力汽车的结构、3.2 混合动力汽车的分类和工作原理）对混合动力汽车基本知识进行全面讲述，使学生能由浅入深地了解混合动力汽车的基本结构、分类和工作原理等。

3.1 认识混合动力汽车的结构

学习目标

1. 掌握混合动力汽车动力系统的结构与组成。
2. 了解混合动力汽车电力动力系统。
3. 了解混合动力汽车燃油动力系统。

一、混合动力汽车的定义

混合动力汽车是指同时装备两种动力源——热动力源（由传统的汽油机或者柴油机产生）与电动力源（电池与电动机）的汽车。

广义上说，混合动力汽车是指拥有至少两种动力源，使用其中一种或多种动力源提供部分或者全部动力的车辆。但是，在目前实际生活中，混合动力汽车多采用传统的内燃机和电动机作为动力源，通过混合使用热能和电力两套系统开动汽车。由于使用的内燃机既有柴油机又有汽油机，因此可以使用传统汽油或者柴油，也有的发动机经过改造使用其他替代燃料，如压缩天然气、丙烷和乙醇燃料等。

通过在混合动力汽车上使用电动机，使得动力系统可以按照整车的实际运行工况要求灵活调控，而发动机保持在综合性能最佳的区域内工作，从而降低油耗与排放。混合动力汽车就是在纯电动汽车上加装一套内燃机，其目的是减少汽车的污染，提高纯电动汽车的行驶里程。

混合动力汽车的燃油经济性能高，而且行驶性能优越。混合动力汽车的发动机要使用燃油，而且在起步、加速时，由于有电动机的辅助，可以在起动的瞬间产生强大的动力，因此车主在享受更强劲的起步、加速的同时，还能实现较高水平的燃油经济性。图 3-1-1 所示为丰田普锐斯混合动力汽车。

图 3-1-1　丰田普锐斯混合动力汽车

二、混合动力汽车的主要动力部件

混合动力汽车的主要动力部件由发动机、驱动电机、动力蓄电池、发电机和充电系统等组成，如图 3-1-2 所示。

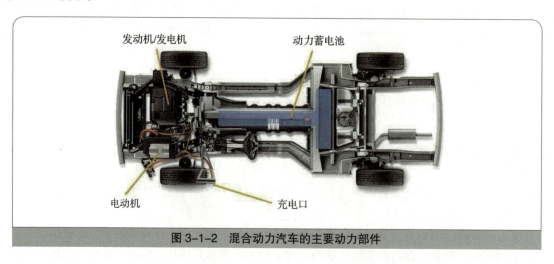

图 3-1-2　混合动力汽车的主要动力部件

1. 发动机

混合动力汽车可以广泛地采用四冲程内燃机（包括汽油机和柴油机）、二冲程内燃机（包括汽油机和柴油机）、转子发动机、燃气轮机和斯特林发动机等，利用它们各自的优势，可以构成不同特点的混合动力系统。图 3-1-3 所示为混合动力汽车汽油发动机。

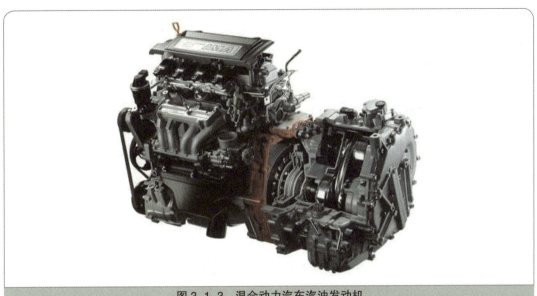

图 3-1-3　混合动力汽车汽油发动机

2. 驱动电机

混合动力汽车的电动机可以选择直流电动机、交流异步电动机、永磁同步电动机和开关磁阻电动机等。随着混合动力汽车的发展，直流电动机已经很少采用，多采用交流异步电动机和永磁同步电动机，开关磁阻电动机的应用也得到重视。除此之外，还可以采用特种电动机作为混合动力汽车的驱动电机，如轮毂电动机。图 3-1-4 所示为混合动力汽车驱动电机。

图 3-1-4　混合动力汽车驱动电机

3. 动力蓄电池

混合动力汽车常用的动力蓄电池包括飞轮蓄电池、超级电容器、电化学蓄电池、燃料蓄电池、储能器和锌空气蓄电池等。动力蓄电池一般作为混合动力汽车的辅助能源，只有在起动发动机或电动机辅助驱动时才使用。图3-1-5所示为混合动力汽车动力蓄电池。

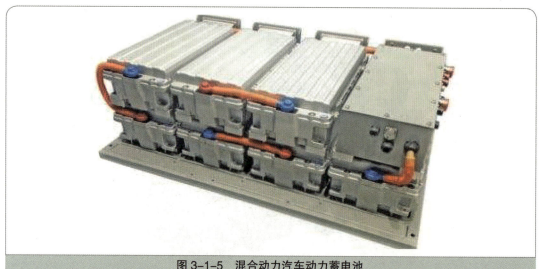

图 3-1-5　混合动力汽车动力蓄电池

4. 动力分配装置

在并联和混联系统中，机械的动力分配装置是耦合发动机和电动机功率的关键部件，不仅具有很大的机械复杂性，而且直接影响整车控制策略，因而成为混合动力系统开发的重点和难点。目前采用的动力复合方式有转矩复合、速度复合和双桥动力复合。图3-1-6所示为混合动力汽车动力分配装置。

图 3-1-6　混合动力汽车动力分配装置

三、混合动力汽车的智能控制系统

发动机和混合动力系统都分别有各自的 ECU 和控制软件,将它们集成在混合动力车辆中后,利用 CAN 总线将它们连接起来,实现信息共享和统一指挥。当混合动力系统工作时,发动机按混合动力系统的指令工作。当混合动力系统关闭或有故障时,发动机按加速踏板指令工作。图 3-1-7 所示为混合动力汽车智能控制系统示意图。

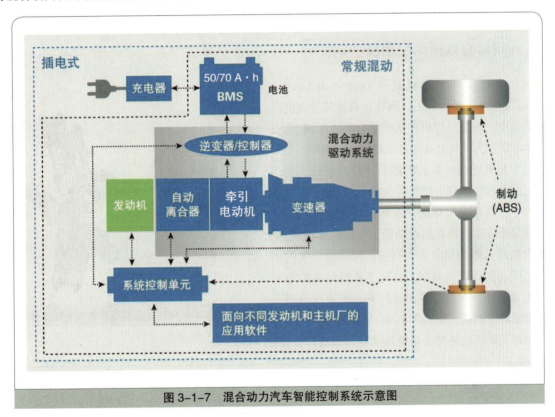

图 3-1-7　混合动力汽车智能控制系统示意图

混合动力汽车的控制系统有以下功能:
(1)使混合动力汽车的动力性能能够达到或接近现在内燃机汽车的水平。
(2)最大限度地发挥电动机驱动的辅助作用,使混合动力汽车的燃油消耗量尽量降低,实现发动机的节能化。
(3)实现多能源控制,混合动力汽车关键的控制技术是对内燃机驱动系统和电动机驱动系统实现双重控制。发动机与电动机动力系统应进行最有效的组合和实现最佳的匹配。
(4)在环保方面,达到"超低污染"的环保标准。
(5)操作装置和操纵方法继承或沿用内燃机汽车主要操作装置和操纵方法。

在保证车辆动力性能情况下,使发动机动力性适中,保证电力驱动系统发挥最大效率,既能满足车辆对动力性能的要求,以接近内燃机汽车的动力性水平,又能降低燃料消耗和减少排放。因此,必须经过动力匹配计算和优化设计来选择所需的发动机。

四、混合动力汽车的发动机

在混合动力汽车上,热力发动机又被称为混合动力单元。在并联混合动力汽车上,混合动力单元通过传动轴驱动车轮,同时电动机也承担一部分功能,因而使得混合动力单元能够采用尺寸更小、效率更高的热力发动机。在串联混合动力汽车上,混合动力单元驱动一台发电机产生电能,由于汽车的行驶与发动机没有直接的联系,因此混合动力单元也能够采用小型高效的发动机,且其运行工况可以固定于较小的高效率区。

1. 阿特金森循环发动机的定义

阿特金森循环发动机是于1882年由James Atkinson发明的一种内燃机。阿特金森循环发动机提高了效率,现阶段应用在某些混合动力车辆上。图3-1-8所示为阿特金森循环发动机主要部件。

在常规奥托循环发动机做功冲程完成后,封闭在气缸内的气体压力仍然有300~500 kPa。在排气冲程中,这部分气体的热量白白地排放到大气中。如果提高做功冲程的做功量,在膨胀冲程末,气缸内的压力降为稍高于大气压,再将排气气门打开,则会提高燃油效率,这种工作循环被称为阿特金森循环,具有这种循环的发动机被称为阿特金森循环发动机。如图3-1-9、图3-1-10所示,奥托循环发动机比阿特金森循环发动机做功冲程要长一些。

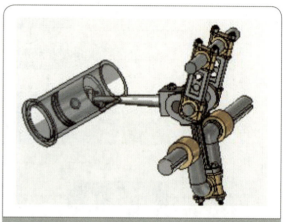

图3-1-8 阿特金森循环发动机主要部件

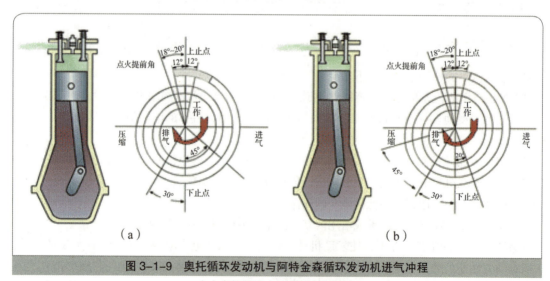

图3-1-9 奥托循环发动机与阿特金森循环发动机进气冲程
(a)奥托循环;(b)阿特金森循环

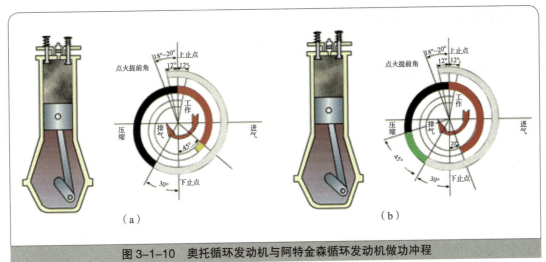

图 3-1-10 奥托循环发动机与阿特金森循环发动机做功冲程
(a) 奥托循环;(b) 阿特金森循环

阿特金森循环发动机只用一个飞轮带动曲柄连杆机构实现了四个冲程。阿特金森循环发动机的特点是可以通过推迟进气门关闭,在压缩冲程从进气门排出部分燃气,减少进气量。现代阿特金森循环发动机使用电子控制装置和进气阀定时装置,使燃烧在气缸中的油气混合物的体积膨胀得更大,借此让动力装置能更高效地利用燃油。

2. 阿特金森循环发动机的工作原理

阿特金森循环发动机其实并不需要在普通发动机上做太大修改,只需改变气门开闭的时机。图 3-1-11 所示为阿特金森循环发动机的工作原理。普通汽车发动机是基于所谓奥托循环的,它包括进气、压缩、做功和排气四个冲程。在奥托循环发动机里,在吸气冲程中油气混合物被吸入气缸,当活塞到达下止点后,进气门关闭,油气混合物被封闭在气缸中,在压缩和做功冲程中分别被压缩和点燃。这样,膨胀比几乎等于发动机的压缩比,很难提高。与此相对照,在阿特金森循环中,在活塞到达下止点后上升时,进气门仍然打开,这样有一部分混合气体被推回到进气歧管,进而提高了爆炸的膨胀比,有利于提高燃油效率。

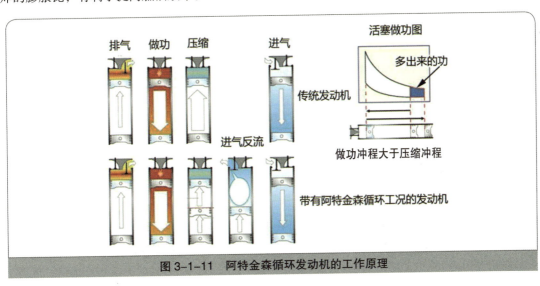

图 3-1-11 阿特金森循环发动机的工作原理

五、典型混合动力汽车

1. 丰田普锐斯混合动力汽车

1)第一代丰田普锐斯

1997 年 12 月,丰田首先在日本市场上推出了世界上第一款批量生产的混合动力汽车——普锐斯(PRIUS)。普锐斯混合动力系统由汽油内燃机和电动机组成,如图 3-1-12 所示,采用一种折中的方式弥补了汽油内燃机车和纯电动车两者之间的缺陷。2000 年,普锐斯经过细微的改动之后推向美国市场,随后进入欧洲,开始了其世界第一混合动力车型的历程。第一代普锐斯混合动力汽车技术参数如表 3-1-1 所示。

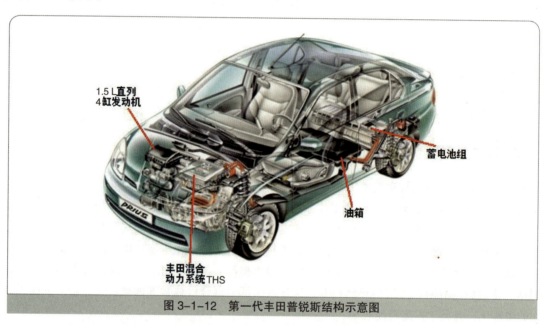

图 3-1-12 第一代丰田普锐斯结构示意图

表 3-1-1 第一代普锐斯混合动力汽车技术参数

动力源	类型	最大功率 /kW	最大转矩/(N·m)
内燃机	1.5 L 直列 4 缸汽油内燃机	120	240
电动机	274 V 永磁同步交流型	30	165
动力蓄电池	6.5 A·h,40 个镍氢电池串联		

2)第二代丰田普锐斯

2003 年 9 月,丰田在日本首先上市了全新第二代普锐斯,除了外表的改进外,最重要的是引入了第二代丰田混合动力系统 THS-Ⅱ。THS-Ⅱ 是在 HSD(混合动力协同驱动)的概念下开发出来的,即电动机、内燃机在车辆各种状态中采用不同的方式协同工作,来适应各种驾驶模式。THS-Ⅱ 与 THS 基本理论相同,不过使用的电动机在同类电动机中性能较高。另外,为了更好地进行能源消耗管理，THS-Ⅱ使用一种新型的线路和制动能量回收系统，与高效的蓄电池组合，可以在制动时更好地对制动能量进行回收。图 3-1-13 所示为第二代丰田普锐斯结构示意图。

THS-Ⅱ最大的改进在于使用了高压线路——内燃机、电动机和蓄电池之间的电压高达 500 V，而上一代 THS 的电压只有 274 V。第二代普锐斯混合动力汽车技术参数如表 3-1-2 所示。

图 3-1-13　第二代丰田普锐斯结构示意图

表 3-1-2　第二代普锐斯混合动力汽车技术参数

动力源	类型	排量/电压/容量	最大功率/kW	最大转矩/(N·m)
内燃机	直列 4 缸汽油内燃机	1.5 L	57	115
电动机	永磁同步交流型	500 V	50	400
动力蓄电池	28 个镍氢电池串联	6.5 A·h		

3）第三代丰田普锐斯

2009 年，丰田推出了全新第三代普锐斯，并于 2010 年全面上市。新一代的普锐斯对混合动力系统进行了改进，主要包括两个方面：一个是使用全新的 1.8 L 内燃机代替原有的 1.5 L 内燃机；另外一个是对 HSD 混合动力协同驱动系统进行重新设计。图 3-1-14 所示为第三代普锐斯与制动能量回收示意图。

图 3-1-14　第三代普锐斯与制动能量回收示意图

第三代丰田普锐斯搭载阿特金森循环 1.8 L 直列 4 缸内燃机，取代老款的 1.5 L 内燃机，最大功率为 73 kW，比老款提高 16 kW，转矩则达到 142 N·m，比老款增加 27 N·m，加上电动机动力，整车最大功率为 100 kW，低速转矩进一步提升，这也意味着低速时能够获得更好的燃油经济性。

其 0~100 km/h 加速时间比老款提高 1 s，仅需 9.8 s。

第三代普锐斯提供 4 种不同的驾驶模式，Normal 为正常模式，EV-Drive 模式允许驾驶员在低速状态下单纯依靠电力行驶约 1.6 km。Power 模式提高加速灵敏度，以提升运动性能。Eco 模式则可以帮助驾驶员获得最佳的燃油经济性。第三代普锐斯混合动力汽车技术参数如表 3-1-3 所示。

表 3-1-3　第三代普锐斯混合动力汽车技术参数

动力源	类型	排量/电压/容量	最大功率/kW	最大转矩/(N·m)
内燃机	直列 4 缸汽油内燃机	1.8 L	73	142
电动机	永磁同步交流型	600 V	60	207
动力蓄电池	镍氢电池串联	6.5 A·h	27	

4）第三代插电式丰田普锐斯

锂离子蓄电池组可通过家用电源来进行充电，因此，不受蓄电池剩余量和充电设施完善情况的限制。比起传统的混合动力车，将更加能够降低油耗，抑制不可再生资源消耗，减排 CO_2 以及防止大气污染。普锐斯插电式混合动力汽车每升汽油可以行驶 55 km，在充满电的情况下，纯电动模式续驶里程为 20 km。充电时间方面，100 V 电源需要 180 min，200 V 电源需要 100 min。图 3-1-15 所示为第三代插电式丰田普锐斯。

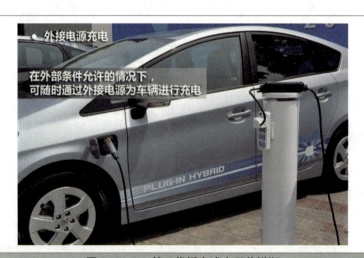

图 3-1-15　第三代插电式丰田普锐斯

当蓄电池的电量下降至一定程度时，系统就会自动切换为混合动力模式行驶。在低温时起动以及用户用力踩下加速踏板等情况下，如果系统判断蓄电池提供的功率较低，就会起动内燃机驱动行驶。第三代插电式普锐斯混合动力汽车技术参数如表 3-1-4 所示。

表 3-1-4　第三代插电式普锐斯混合动力汽车技术参数

动力源	类型	排量/电压/容量	最大功率/kW	最大转矩/(N·m)
内燃机	直列 4 缸汽油内燃机	1.8 L	73	142
电动机	永磁同步交流型	600 V	60	207
动力蓄电池	锂离子蓄电池串联	6.5 A·h		

2. 比亚迪秦混合动力汽车

秦是比亚迪股份有限公司自主研发的第二代双模混合动力的高性能汽车,属于重度混合,是支持外部电源充电的混合动力汽车,如图 3-1-16 所示。

图 3-1-16　比亚迪秦混合动力汽车

在动力方面,秦搭载了 1 台 1.5 T 内燃机、6 速 DCT 自动变速器和 1 台高转速电动机,并集合自主研发的磷酸铁锂电池,使得最大输出功率可以达到 217 kW,峰值扭矩为 479 N·m。电池组的容量设计为 13 kW·h,在纯电动状态下的最大续驶里程可以达到 70 km。

秦的驱动系统采用了并联的设计方式,使得即使在电力驱动系统失效的情况下,车辆依靠内燃机的驱动系统仍然能够保持行驶。比亚迪秦动力驱动系统结构示意图如图 3-1-17 所示。

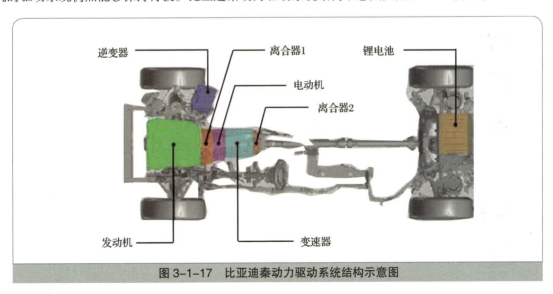

图 3-1-17　比亚迪秦动力驱动系统结构示意图

项目三　混合动力汽车

实训项目　新能源汽车常见指示灯辨认

（一）工作准备
（1）分组，确定小组长，明确其组员分工。
（2）防护装备：安全用电。
（3）能连接互联网的计算机或移动终端、一辆新能源汽车。
（4）专用工具、设备：无。
（5）手工工具：无。
（6）辅助材料：维修手册。

（二）实施步骤
（1）做好车辆防护。
（2）安装好高压警示装置。
（3）分组进入驾驶室查看仪表指示灯。
（4）查阅相关资料或上网搜索完成下表的内容（写出指示灯图案的名称和功能）。

指示灯图案	指示灯名称	功能
OK		
EV		
HEV		
ECO		
SPORT		
🔌		
⛽🔌		
🔋		
🔋		
🚗		
🔋		
🔋		

（三）评价与反馈

考核项目	评分标准	分数	学生自评	小组互评	教师评价	小计
团队合作	是否和谐	5				
活动参与	是否积极主动	5				
安全操作	有无安全隐患	10				
现场6S	是否做到	10				
任务方案	是否正确、合理	15				
操作过程	按操作步骤完成并完成相关内容的填写	30				
课题完成情况	是否圆满完成	5				
工具和设备使用	是否规范、标准	10				
劳动纪律	是否严格遵守	5				
工单填写	是否完整、规范	5				
总分		100				
教师签名				得分		

一、选择题

1. 混合动力汽车是指同时装备（　　）种动力来源的汽车。
   A. 2　　　　　　B. 3　　　　　　C. 4　　　　　　D. 5

2. 混合动力汽车的优势，下面有一项不对，请选出来。（　　）
   A. 平衡内燃机输出扭矩　　　　　B. 节省燃油
   C. 能够回收部分制动能量　　　　D. 能够提高内燃机功率

3. 混合动力汽车的电动机可以选择直流电动机、（　　）、永磁同步电动机和开关磁阻电动机等。
   A. 交流异步电动机　　B. 步进电动机　　C. 变频电动机　　D. 双速电动机

4. 发动机和混合动力系统都分别有各自的ECU和控制软件，将它们集成在混合动力车辆中后，利用（　　）总线将它们连接起来，实现信息共享和统一指挥。
   A. LIN　　　　　　B. K　　　　　　C. RS485　　　　　　D. CAN

5. 阿特金森循环发动机的特点是可以通过（　　）关闭，在压缩冲程里，从进气门排出部分燃气，减少进气量。
   A. 提前进气门　　B. 提前排气门　　C. 推迟进气门　　D. 推迟排气门

二、简答题

1. 混合动力汽车的定义是什么？
2. 混合动力汽车的动力系统主要由哪些部件组成？

> 3. 混合动力汽车的智能控制系统的概念是什么？
> 4. 阿特金森循环发动机的定义是什么？
> 5. 第一代丰田普锐斯与第三代丰田普锐斯在技术参数上有什么区别？
>
> ### 三、分析题
> 请分析阿特金森循环发动机的工作过程，及其与奥托循环发动机工作过程有什么区别。

3.2 混合动力汽车的分类和工作原理

学习目标

1. 了解混合动力汽车动力系统布置形式。
2. 掌握不同动力系统布置形式的工作原理。
3. 熟悉不同类型混合动力汽车在不同工况下的能量流通过程。

一、按照混合动力汽车动力系统布置形式分类

根据混合动力驱动模式、结构布置形式及动力传输路线分类，混合动力汽车主要分为以下三类：
（1）串联式混合动力汽车（Series Hybrid Electric Vehicle，SHEV）。
（2）并联式混合动力汽车（Parallel Hybrid Electric Vehicle，PHEV）。
（3）混联式混合动力汽车（Parallel Series Hybrid Electric Vehicle，PSHEV）。

1. 串联式混合动力汽车

串联式混合动力汽车以电动机作为驱动装置，发动机作为辅助动力装置，以提高续驶里程。发动机只作为动力源驱动发电机发电，电能通过控制器输送到蓄电池或电动机，由电动机通过变速机构驱动汽车，驱动系统只是电动机。小负荷时由蓄电池驱动电机驱动车轮，大负荷时由发动机带动发电机发电驱动电机。在这种联结方式下，蓄电池就像一个水库，只是调节的对象不是水量，而是电能。图 3-2-1 所示为串联式混合动力系统示意图，图 3-2-2 所示为串联式混合动力系统能量流动路线。

3.2 混合动力汽车的分类和工作原理

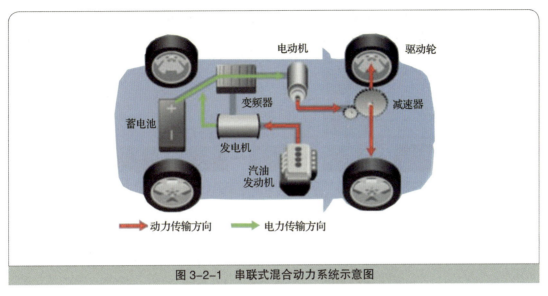

图 3-2-1 串联式混合动力系统示意图

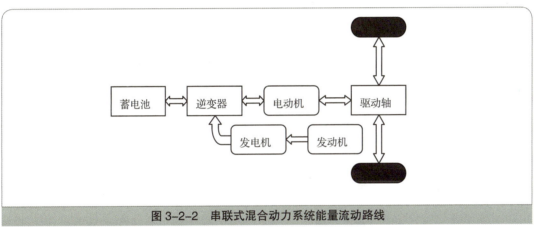

图 3-2-2 串联式混合动力系统能量流动路线

发电机产生的能量和电动机需要的能量由蓄电池进行调节,从而保证车辆正常工作。当车辆处于起动、加速、爬坡工况时,发动机、电动机组和蓄电池组共同向电动机提供电能;当车辆处于低速、滑行、怠速的工况时,则由蓄电池组驱动电机,当蓄电池组缺电时,则由发动机—发电机组向蓄电池组充电。

下面对混合动力汽车不同工况的能量流动路线进行分析。

(1) 在市区行驶时,如果蓄电池完全充满,则选用纯蓄电池驱动方式。蓄电池完全充满时传动系统能量流如图 3-2-3 所示。

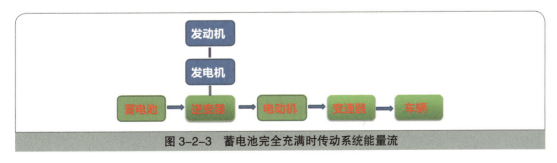

图 3-2-3 蓄电池完全充满时传动系统能量流

（2）当蓄电池电量较低时，发动机被起动，并将其设置在最大功率工作点上，发动机输出的功率与汽车所需功率的差值将通过发电机为蓄电池充电，如图3-2-4所示。

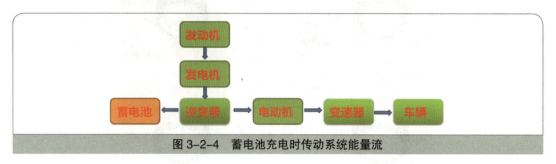

图3-2-4　蓄电池充电时传动系统能量流

（3）当汽车发动机提供的最大功率低于汽车所需的功率时，蓄电池将提供这部分差额功率，如图3-2-5所示。

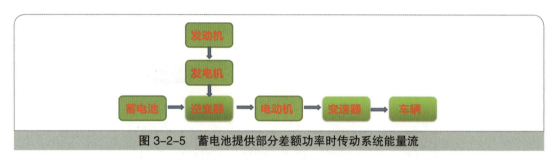

图3-2-5　蓄电池提供部分差额功率时传动系统能量流

（4）在制动或减速时，电动机起到发电机的作用，使部分动能转化为电能存储在蓄电池里，如图3-2-6所示。

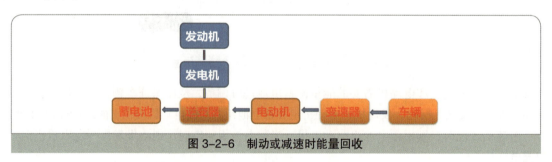

图3-2-6　制动或减速时能量回收

由图3-2-6可以看出，串联式混合动力汽车动力系统由发动机、发电机和电动机三部分动力总成组成，它们之间用串联的方式组成动力单元系统，发动机驱动发电机发电，电能通过控制器输送到蓄电池或电动机，由电动机通过变速机构驱动汽车。小负荷时仅由蓄电池驱动电机驱动车轮，实现零排放；大负荷时由发动机带动发电机发电驱动电机。当车辆处于起动、加速、爬坡工况时，发动机—电动机组和蓄电池组共同向电动机提供电能；当电动车处于低速、滑行、怠速的工况时，则由蓄电池组驱动电机，当蓄电池组缺电时，则由发动机—发电机组向蓄电池组充电。

串联式结构适用于城市内频繁起步和低速运行工况，可以将发动机调整在最佳工况点附近稳定运转，通过调整蓄电池和电动机的输出来达到调整车速的目的，使发动机避免了怠速和低速运转的工况，从而提高了发动机的效率，减少了废气排放。它的缺点是能量几经转换，机械效率较低。

2. 并联式混合动力汽车

并联式混合动力汽车采用发动机和电动机两套驱动系统，可采用发动机单独驱动、电动机单独驱动或发动机和电动机联合驱动 3 种工作模式。与串联式相比，并联式混合动力汽车的优点是并联仅用到电动机和发动机，并且发动机和电动机的最大功率较小；缺点是由于发动机与推进系统是共轴连接的，因此并联需要离合器，这使得并联结构复杂，控制难度大。本田的雅阁（Accord）和思域（CIVIC）采用的就是并联式联结方式（见图 3-2-7 和图 3-2-8）。

图 3-2-7　本田雅阁并联式混合动力汽车

图 3-2-8　本田思域并联式混合动力汽车

图 3-2-9 所示为并联式混合动力系统示意图。并联结构的特征是以机械形式进行复合，发动机通过变速装置和驱动桥直接相连，电机可同时用作电动机或发电机以平衡发动机所受的载荷，使其能在高效率区域工作。

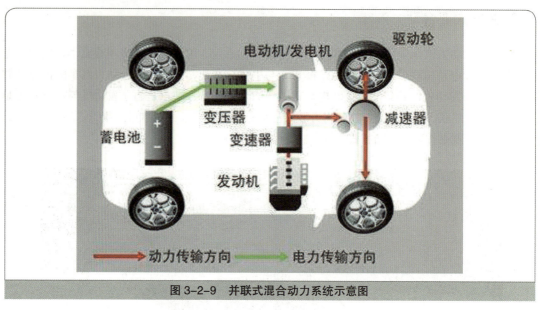

图 3-2-9 并联式混合动力系统示意图

并联式混合动力汽车的传动系统能量流如图 3-2-10 所示。

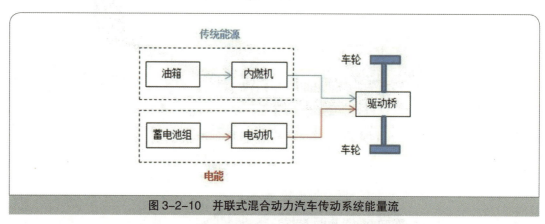

图 3-2-10 并联式混合动力汽车传动系统能量流

（1）在起步、坡道或加速阶段，发动机运转，发动机只为耦合器提供总功率的一部分，离合器闭合将转矩输入变速器，同时动力蓄电池组释放电能，经逆变器将直流电转换为交流电，给动力电动机供电，动力电动机也将转矩输入变速器驱动电机转动，发动机和电动机共同将动力输入变速器、后桥，从而驱动车辆加速行驶，实现"功率辅助"的目的。功率辅助时并联式传动系统能量流如图 3-2-11 所示。

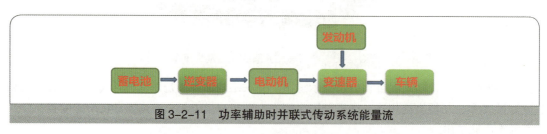

图 3-2-11 功率辅助时并联式传动系统能量流

（2）当车辆制动、减速、停车时，驱动桥传来的惯性转矩，经变速器带动电动机运转，电动机转换为发电机工作状态，起到发动机的作用，所发出的交流电经逆变器转换为直流电，对蓄电池组进行充电，如图 3-2-12 所示。

3.2 混合动力汽车的分类和工作原理

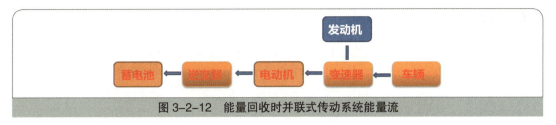

图 3-2-12 能量回收时并联式传动系统能量流

（3）当蓄电池电量较低时，发动机被起动，并将其设置在最大功率工作点上，发动机输出的功率与汽车所需功率的差值将通过发电机为蓄电池充电，如图 3-2-13 所示。

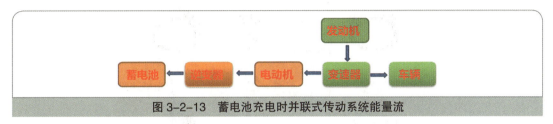

图 3-2-13 蓄电池充电时并联式传动系统能量流

（4）在市区行驶时，如果蓄电池完全充满，则选用纯蓄电池驱动方式，离合器分离，动力蓄电池组释放电能，经逆变器将直流电转换为交流电，给动力电动机供电。动力电动机将转矩输入变速器、后桥，从而驱动车辆行驶。蓄电池驱动时并联式传动系统能量流如图 3-2-14 所示。

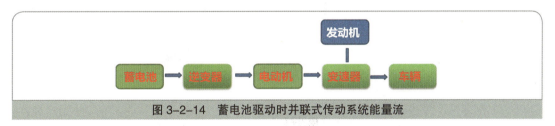

图 3-2-14 蓄电池驱动时并联式传动系统能量流

（5）在高速巡航时，由发动机驱动，此时相当于传统燃油汽车运行。当车辆采用发动机单独驱动模式运行时，发动机运转，离合器闭合，将转矩输入电动机、变速器、后桥，从而驱动车辆行驶，如图 3-2-15 所示。

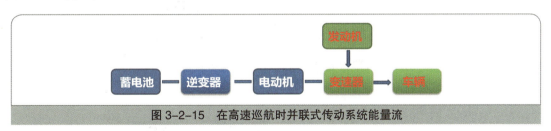

图 3-2-15 在高速巡航时并联式传动系统能量流

并联式装置的发动机和电动机共同驱动汽车，发动机与电动机分属两套系统，可以分别独立地向汽车传动提供转矩，在不同的路面上既可以共同驱动又可以单独驱动。当汽车加速爬坡时，电动机和发动机能够同时向传动机构提供动力，一旦汽车车速达到巡航速度，汽车将仅仅依靠发动机维持该速度。电动机既可以作电动机又可以作发电机使用，又称为电动机—发电机组。由于没有单独的发电机，发动机要直接通过传动机构驱动车轮，因此这种装置更接近传统的汽车驱动系统，机械效率损耗与普通汽车差不多，得到了比较广泛的应用。

3. 混联式混合动力汽车

混联式混合动力汽车在结构上综合了串联式混合动力汽车和并联式混合动力汽车的特点，主要偏向于并联结构，但又包含一些串联结构的特点。与串联式混合动力汽车相比，它增加了机械动力传输路线；与并联式混合动力汽车相比，它增加了电能的传输路线。混联式混合动力汽车动力系统示意图及能量流如图 3-2-16 和图 3-2-17 所示。

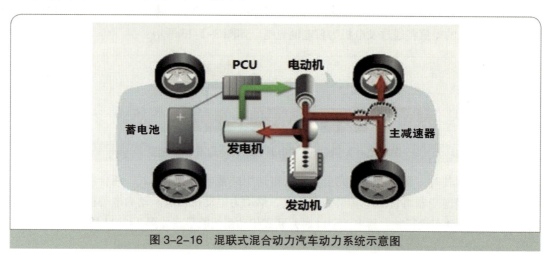

图 3-2-16 混联式混合动力汽车动力系统示意图

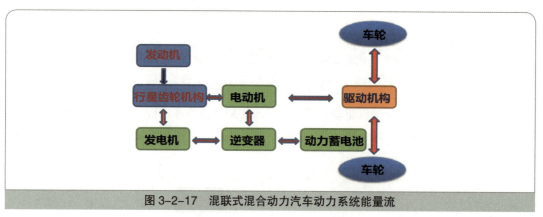

图 3-2-17 混联式混合动力汽车动力系统能量流

（1）在高速巡航时，由发动机单独驱动。此时相当于传统燃油汽车运行，发动机单独驱动时混联式传动系统能量流如图 3-2-18 所示。

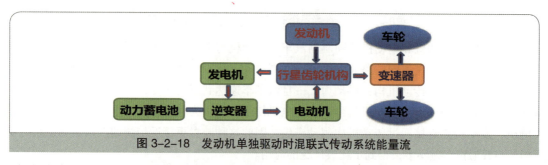

图 3-2-18 发动机单独驱动时混联式传动系统能量流

（2）在市区行驶时，如果蓄电池完全充满，则选用纯蓄电池驱动方式，蓄电池单独驱动时混联式传动系统能量流如图 3-2-19 所示。

3.2 混合动力汽车的分类和工作原理

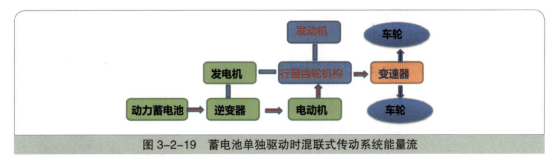

图 3-2-19 蓄电池单独驱动时混联式传动系统能量流

（3）在制动时，电动机起到发电机的作用，将部分动能转化为电能存储到蓄电池里，如图 3-2-20 所示。

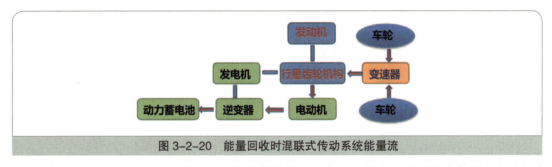

图 3-2-20 能量回收时混联式传动系统能量流

（4）在起步或加速阶段，发动机只为耦合器提供总功率的一部分，剩下的功率要由电动机来提供，实现"功率辅助"的目的，辅助时混联式传动系统能量流如图 3-2-21 所示。

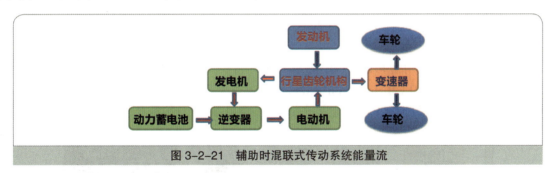

图 3-2-21 辅助时混联式传动系统能量流

（5）当电池电量较低时，发动机被起动，并将其设置在最大功率工作点上，发动机输出的功率与汽车所需功率的差值将通过发电机为蓄电池充电，如图 3-2-22 所示

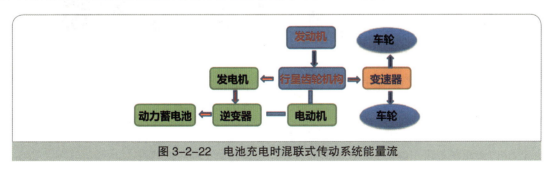

图 3-2-22 电池充电时混联式传动系统能量流

混联式装置包含了串联式和并联式的特点。动力系统包括发动机、发电机和电动机，根据助力装置不同，它又分为发动机为主和电动机为主两种。在以发动机为主的形式中，发动机为主动力源，电动机为辅助动力源；在以电动机为主的形式中，电动机为主动力源，发动机为辅助动力源。该结构

79

的优点是控制方便,缺点是结构比较复杂。

二、按照混合动力汽车的混合程度分类

对现有混合动力汽车进行分类还可以使用混合程度这个概念,这是目前市场销售中常用的习惯分类方式。但是到目前为止,并没有一个准确的混合程度标准。当前,普遍为人们接受的是混合动力汽车中驱动电机的有效功率占车辆驱动系统总功率的百分比这个概念,按照这个混合程度概念可以将市场上的混合动力汽车分为轻度混合动力、中度混合动力和重度混合动力三个等级,如图3-2-23所示。

图3-2-23 按照混合动力汽车的混合程度分类

1. 轻度混合动力

轻度混合动力简称轻混,轻度混合动力的车辆混合程度低,没有内燃机的帮助,设计在车辆中的电动机是不能够单独驱动车辆行驶的。轻度混合动力一般采用36 V、42 V电池组,并搭载一个低功率的起动机/发电机通过曲轴皮带来辅助内燃机。从严格意义上来说,轻混并不能算是混合动力系统,因为车辆只靠单一的内燃机动力行驶,其电池输出能量只起辅助作用,一般只包括自动起停、内燃机起动平滑辅助和制动能量回收。该系统设计的优点是成本小,但同时节省的燃油也更少,一般只能省油8%~15%。

典型代表的技术有通用旗下BAS(Basic Assist System)系统的君越混合动力、梅赛德斯奔驰为smart开发的一套名为MHD(Micro Hybrid Drive)的怠速熄火系统,以及奇瑞汽车研发的BSG(Belt-driven Starter/Generator)系统。图3-2-24所示为轻度混合动力系统结构示意图。

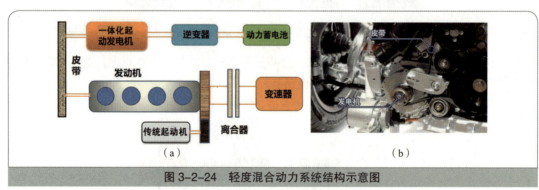

图3-2-24 轻度混合动力系统结构示意图
(a)连接关系示意图;(b)起动机/发电机安装位置

这些系统的共同特点是由曲轴皮带驱动的起动机/发电机取代了传统内燃机的发电机,由这个新型的起动机/发电机提供车载电力系统的同时,还能快速起动车辆的内燃机。

2. 中度混合动力

中度混合动力的车辆一般采用100 V以上的动力蓄电池,混合度在30%左右。与轻度混合动力

系统的不同之处在于，中度混合动力系统采用的是高压动力蓄电池和电动机。在车辆加速或者大负荷工况时，电动机能够辅助内燃机驱动车辆，补充内燃机本身动力输出的不足，提高整车性能。这种系统的混合程度较高，在城市循环工况下节省燃油可以达到20%~30%。

例如，本田汽车公司旗下的雅阁、思域、广汽丰田的雷凌混合动力汽车都属于这类系统，如图3-2-25所示。

图3-2-25　中度混合动力汽车

不过最重要的一点是，中度混合动力汽车仍然无法完全脱离内燃机的驱动并完全依靠电力驱动。

3. 重度混合动力

重度混合动力简称强混，系统通常采用272~650 V的高压系统，混合度可以达到50%以上，在城市循环工况下节油率可以达到30%~50%。其特点是动力系统以内燃机为基础动力，动力蓄电池为辅助动力，采用的电动机功率更为强大，完全可以满足车辆在起步和低速时的动力要求。

重度混合车型可以在低速时就像一款纯电动汽车一样，支持纯电动行驶；在急加速和爬坡运行工况下车辆需要较大的驱动力时，驱动电机和内燃机同时对车辆提供动力。

随着电动机、电池技术的进步，重度混合动力系统逐渐成为混合动力技术的主要发展方向，丰田普锐斯、通用的凯雷德双模混合动力汽车采用的就是重度混合动力系统（见图3-2-26）。

图3-2-26　凯雷德重度混合动力汽车

三、按照混合动力汽车是否可外接充电分类

1. 插电式混合动力汽车

插电式混合动力汽车可以通过外部连接的电源进行充电,同时在电池满电的状态下具有一定的纯电动行驶能力,是重度混合动力车型的一种特殊形态。

插电式混合动力可以采用串联或并联的结构,主要的优势在于纯电力续驶里程较长;电能不足时,车辆仍然可以在重度混合模式行驶。一般插电式混合动力汽车都有随车充电器,可以使用 220 V 外部电网为电池充电,而插电式混合动力公交车由于行驶路线固定,因此通常利用快速充电机对其充电。

插电式混合动力系统的电动机功率比纯电动汽车的稍小,动力蓄电池的容量介于强混和纯电动汽车之间。由于具有可利用夜间用电低谷对动力蓄电池充电及降低排放等优势,插电式混合动力汽车已成为主流发展方向之一。

比亚迪秦和雪弗兰的沃蓝达都属于这种类型的混合动力汽车。例如,沃蓝达可以在纯电动模式下行驶 80 km,待电量耗尽后可利用 1.4 L 内燃机作为驱动力额外行驶 490 km。如果想要继续行驶,用户只需为车辆充电或加油即可。图 3-2-27 所示为插电式混合动力汽车。

图 3-2-27 插电式混合动力汽车

2. 不可外接充电混合动力汽车

不可外接充电混合动力汽车在正常使用情况下从车载燃料中获取全部能量。例如丰田卡罗拉双擎混合动力汽车就为不可外接充电的混合动力汽车,如图 3-2-28 所示。

图 3-2-28　丰田卡罗拉双擎混合动力汽车

四、按照车辆用途划分

（1）混合动力电动乘用车（Hybrid Electric Passenger Car）。
（2）混合动力电动客车（Hybrid Electric Bus）。
（3）混合动力电动货车（Hybrid Electric Goods Vehicle）。

五、按照与发动机混合的可再充电能量储存系统不同划分

（1）动力蓄电池式混合动力电动汽车。
（2）超级电容器式混合动力电动汽车。
（3）机电飞轮式混合动力电动汽车。
（4）动力蓄电池与超级电容器组合式混合动力电动汽车。
注：随着混合动力汽车技术的发展，其类型不局限于以上几种，还可按照其他型式划分。

实训项目　混合动力汽车基本操作

（一）工作准备

（1）防护装备：无特别要求。
（2）车辆、台架、总成：丰田普锐斯，或比亚迪秦，或荣威550混合动力汽车，或其他类型混合动力汽车。
（3）专用工具、设备：无。
（4）手工工具：无。
（5）辅助材料：无。

（二）实施步骤

本操作任务主要集合前面的知识，通过进一步驾驶并操控混合动力汽车，记录并分析其运行模式。

操作前准备：

（1）检查并确认车辆无故障，如果是插电式混合动力汽车，则需要提前充满电。

（2）利用两柱举升机将车辆四轮离地 15~20 cm。

警示：

※ 整个操作过程必须由实训教师完成，学生仅通过显示装置记录显示结果。

※ 车辆运行期间，严禁车辆前、后站立学生。

（1）起动车辆，并操作混合动力汽车信息显示屏，找到以下显示信息：

位于混合动力汽车的娱乐系统显示屏或仪表信息显示中心，均设计有车辆运行状态的实时能量图。该能量图指示了行车过程中动力蓄电池与驱动电机之间电能的流动情况，如图 3-2-29 所示。

图 3-2-29　典型混合动力汽车能量图显示界面

能量图会显示以下状态信息：

- 电源关闭：动力蓄电池驱动没有电能流向车轮。
- 电池驱动：当电能从动力蓄电池流向车轮时，电池图标会被激活。
- 制动能量回收：当车辆进行再生制动或者滑行时，再生的电能会由车轮返回至电池。

（2）释放车辆制动杆，并将挡位挂入 D 挡，尝试运行以下形式状态，并记录能量图显示的状态。

①空载起步。

②加速。

③匀速。

④急加速。

⑤释放加速踏板滑行。

⑥制动车辆。

3.2 混合动力汽车的分类和工作原理

（3）记录操作混合动力汽车时仪表上的相关信息并填写在下表中。

混合动力汽车工况 \ 仪表信息	转速	车速	SOC	挡位	电压	电流
空载起步						
加速						
匀速						
急加速						
释放加速踏板滑行						
制动车辆						

（三）评价与反馈

考核项目	评分标准	分数	学生自评	小组互评	教师评价	小计
团队合作	是否和谐	5				
活动参与	是否积极主动	5				
安全操作	有无安全隐患	10				
现场6S	是否做到	10				
任务方案	是否正确、合理	15				
操作过程	按操作步骤完成并完成相关内容的填写	30				
课题完成情况	是否圆满完成	5				
工具和设备使用	是否规范、标准	10				
劳动纪律	是否严格遵守	5				
工单填写	是否完整、规范	5				
	总分	100				
教师签名					得分	

项目三 混合动力汽车

一、填空题

（1）混合动力汽车采用_____来替代12 V发电机，采用_____的压缩机来替代皮带驱动的压缩机。

（2）混合动力汽车通常会设计有_____，为带有真空制动助力器的制动系统提供足够的真空。

（3）混合动力汽车变速驱动单元的典型类型，是以丰田普锐斯为代表的_____变速驱动单元和以比亚迪秦为代表的_____变速驱动单元。

（4）混合动力汽车一般在低速巡航行驶时，内燃机的气缸是处于_____状态的，只靠_____驱动车辆行驶。

（5）混合动力汽车的娱乐系统显示屏或仪表信息显示中心，均设计有车辆运行状态的实时_____。

二、判断题

1. 几乎所有的混合动力汽车上都使用了电动机械式转向系统。　　　　　　　　（　）
2. 混合动力汽车的结构比传统汽车简单。　　　　　　　　　　　　　　　　　（　）
3. 混合动力汽车的变速驱动单元与传统的自动变速器或手动变速器一样。　　　（　）
4. 混合动力汽车采用的电机通常是三相交流电机，它替代了传统汽车上的发电机和起动机。　　　　　　　　　　　　　　　　　　　　　　　　　　　　　　　（　）
5. 混合动力车型在减速时，系统会优先执行制动能量回收。　　　　　　　　　（　）

三、选择题

1. 以下部件会使用在油电混合动力汽车上的是（　　）。
   A. 逆变器　　　　　　　　　　　B. 车载充电器
   C. 驱动电机　　　　　　　　　　D. 高压动力蓄电池
2. 混合动力汽车高压动力蓄电池大多数采用的冷却形式是（　　）。
   A. 水冷　　　　　　　　　　　　B. 风冷
   C. 水冷和风冷组合　　　　　　　D. 不用冷却
3. 给混合动力汽车12 V蓄电池充电的部件是（　　）。
   A. DC/DC转换器　　　　　　　　B. 车载充电器
   C. 逆变器　　　　　　　　　　　D. 电池能量管理模块
4. 混合动力汽车在制动运行工况下，驱动电机的功能是（　　）。
   A. 驱动车辆继续加速　　　　　　B. 作为发电机回收能量
   C. 代替内燃机起到辅助制动作用　D. 断电空转
5. 混合动力汽车在自动停机期间，内燃机的运行状态是（　　）。
   A. 停止运转　　　　　　　　　　B. 继续怠速
   C. 正常转速或提升一定转速　　　D. 以上都不对

四、简答题

1. 混合动力汽车按照动力系统布置形式分可以分哪几类？
2. 并联式混合动力汽车在起步、加速这两个工况时动力传递能量流是怎样的？
3. 什么形式的混合动力系统才能称为轻度混合动力系统？

项目四

纯电动汽车

早在 19 世纪后半叶的 1873 年,英国人罗伯特·戴维森(Robert Davidson)制作了世界上最初的可供实用的电动汽车,这比德国人戴姆勒(Gottlieb Daimler)和本茨(Karl Benz)发明汽油发动机汽车早了 10 年以上。

戴维森发明的电动汽车是一辆载货车,长 4 800 mm,宽 1 800 mm,使用铁、锌、汞合金与硫酸进行反应的一次电池。其后,从 1880 年开始,应用了可以充放电的二次电池。从一次电池发展到二次电池,这对于当时电动汽车来讲是一次重大的技术变革,由此电动汽车需求量有了很大提高,在 19 世纪下半叶成为交通运输的重要产品,写下了电动汽车在人类交通史上的辉煌一页。1890 年,法国和英国伦敦的街道上行驶着电动大客车,当时的车用内燃机技术还相当落后,续驶里程短,故障多,维修困难,而电动汽车却维修方便。

在欧美,电动汽车最盛期是在 19 世纪末。1899 年,法国人考门·吉纳驾驶一辆以 44 kW 双电动机为动力的后轮驱动电动汽车,时速达到了 106 km 的纪录。

1900 年美国制造的汽车中,电动汽车为 15 755 辆,蒸汽机汽车为 1 684 辆,而汽油机汽车只有 936 辆。进入 20 世纪以后,由于内燃机技术的不断进步,1908 年美国福特汽车公司 T 型车问世,以流水线生产方式大规模批量制造汽车使汽油机汽车开始普及,致使在市场竞争中蒸汽机汽车与电动汽车由于存在着技术及经济性能上的不足,使前者被无情淘汰,后者则呈萎缩状态。

从技术发展成熟程度和中国国情来看,纯电动汽车(Blade Electric Vehicles,BEV)应是大力推广的发展方向,而混合动力作为大面积充电网络还没建立起来之前的过渡技术。

纯电动汽车省去了油箱、发动机、变速器、冷却系统和排气系统,相比传统汽车的内燃汽油发动机动力系统,电动机和控制器的成本更低,且纯电动汽车能量转换效率更高。因纯电动车的能量来源——电,来自大型发电机组,所以其效率是小型汽油发动机甚至混合动力发动机所无法比拟的。纯电动汽车因此使用成本在下降。

4.1 纯电动汽车基本结构与原理

学习目标

1. 了解纯电动汽车基本驱动原理。
2. 掌握纯电动汽车的技术特性。
3. 掌握纯电动汽车的运行模式。

一、纯电动汽车的分类

1. 按用途分类

按用途不同,纯电动汽车可以分为以下几类:
(1)纯电动轿车,如图 4-1-1 所示。
(2)纯电动货车,如图 4-1-2 所示。

图 4-1-1　纯电动轿车

图 4-1-2　纯电动货车

(3)纯电动客车,如图 4-1-3 所示。

图 4-1-3　纯电动客车

2. 按驱动形式分类

按动力驱动控制系统结构形式不同,纯电动汽车可以分为以下几类:
(1)直流电动机驱动的电动汽车。
(2)交流电动机驱动的电动汽车。
(3)双电动机驱动的电动汽车。
(4)双绕组电动机驱动的电动汽车。
(5)轮毂电动机驱动的电动汽车。

3. 按使用的电池类型分类

按使用的电池类型不同，纯电动汽车可以分为以下几类：

（1）铅酸电池电动汽车。

（2）镍氢电池电动汽车。

（3）锂离子电池电动汽车。

（4）燃料电池电动汽车。

此外，目前研究应用的还有使用镍镉电池、钠硫电池、飞轮电池、太阳能电池和超级电容器等的电动汽车。

二、纯电动汽车的组成与原理

1. 纯电动汽车的基本结构

纯电动汽车的定义：纯电动汽车是指以车载电源（如铅酸电池、镍镉电池、镍氢电池或锂离子电池）为动力，用电机驱动车轮行驶，符合道路交通、安全法规各项要求的车辆。电动汽车主要由电力驱动系统、电源系统和辅助系统3部分组成。典型电动汽车组成框图如图4-1-4所示。当汽车行驶时，由蓄电池输出电能（电流）通过控制器驱动电机运转，电机输出的转矩经传动系统带动车轮前进或后退。电动汽车续驶里程与蓄电池容量有关，蓄电池容量受诸多因素限制。要提高一次充电续驶里程，必须尽可能地节省蓄电池的能量。

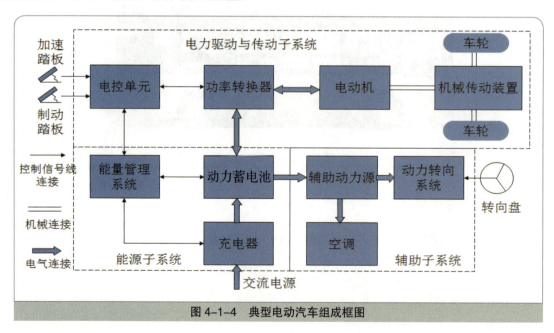

图4-1-4 典型电动汽车组成框图

2. 电力驱动系统

电力驱动系统主要包括电子控制器、功率转换器、电动机、机械传动装置和车轮等。它的功用是将存储在蓄电池中的电能高效地转化为车轮的动能，并能够在汽车减速制动时，将车轮的动能转化为电能充入蓄电池。图 4-1-5 所示为电力驱动总成。

图 4-1-5　电力驱动总成

电动汽车应用较多的电动机有直流电动机和交流电动机两大类。电动汽车的驱动系统采用直流电动机时，虽然在结构上有许多独到之处，如不需要离合器、变速器，并具有起步加速牵引力大、控制系统较简单等优点，但它的整个动力传动系统效率低，所以逐渐被其他驱动类型电动机替代。电动汽车使用的交流电动机驱动系统，突出的优点是体积小、质量小、效率高、调速范围宽和基本免维护等，但其制造成本较高。随着电力电子技术的进一步发展，成本降低，采用这类驱动系统的电动汽车将具有强大的生命力。

电动汽车的控制系统的性能直接影响着汽车的性能指标。该控制系统控制汽车在各类工况下的行驶速度、加速度和能源转换情况。它类似于燃油汽车的加速踏板和变速器，包括电动机驱动器、控制器及各种传感器，其中最关键的是电动机逆变器。

电动机不同，控制器也有所不同。控制器将蓄电池直流电逆变成交流电后驱动交流电动机，电动机输出的转矩经传动系统驱动车轮，使电动汽车行驶。

3. 电源系统

电源系统主要包括电源、能量管理系统和充电机等。它的功用是向电动机提供驱动电能、监测电源使用情况以及控制充电机向蓄电池充电。图 4-1-6 所示为电动汽车电源系统。

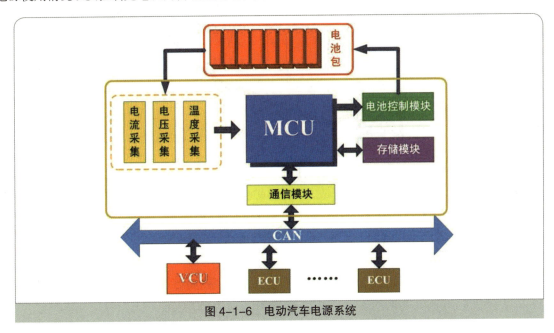

图 4-1-6　电动汽车电源系统

纯电动汽车的常用电源有铅酸电池、镍镉电池、镍氢电池和锂离子电池等。

纯电动汽车和混合动力汽车的能量管理不同,纯电动汽车主要是指电池管理系统,它的主要功用是对电动汽车用电池单体及整组进行实时监控、充放电、巡检和温度监测等。

4. 辅助系统

辅助系统主要包括辅助动力源、空调器、动力转向系统、导航系统、刮水器、收音机以及照明和除霜装置等。辅助系统除辅助动力源外,其余的依据车型不同而不同。

辅助动力源主要由辅助电源和 DC/DC 转换器组成。它的功用是向动力转向系统、空调器及其他辅助设备提供动力。

1)高压特性

纯电动汽车的主要特点是具有高压。由于纯电动汽车的能源供给是动力蓄电池,因此车辆上很多系统的设计也是围绕动力蓄电池和高压来实施的。

图 4-1-7 所示为典型纯电动汽车高压部件结构示意图,主要的高压部件有动力蓄电池、逆变器、驱动单元、车载充电器、DC/DC 转换器,如果是配有空调的车辆,还有高压压缩机和 PTC 加热器等,这些部件都是通过橙色的高压电缆连接起来的。为方便理解,我们将图 4-1-7 的实物图用图 4-1-8 进行形象化。

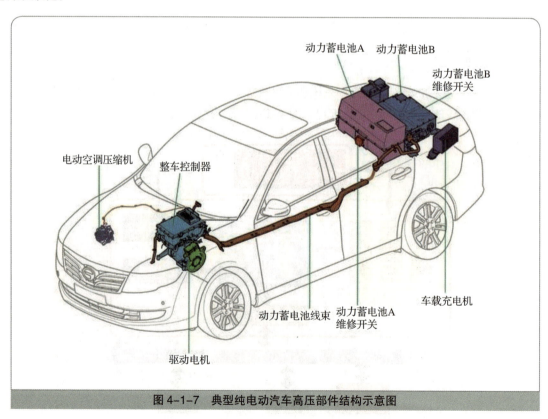

图 4-1-7 典型纯电动汽车高压部件结构示意图

4.1 纯电动汽车基本结构与原理

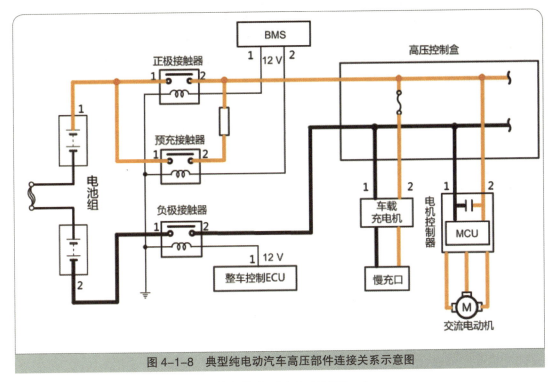

图 4-1-8 典型纯电动汽车高压部件连接关系示意图

纯电动汽车在运行时，动力蓄电池的电能主要去向有以下 5 个：

- 动力蓄电池→BDU→逆变器：为驱动电机提供电能并接收制动能量、回收电能。
- 动力蓄电池→BDU→高压压缩机：为车载空调提供制冷。
- 动力蓄电池→BDU→DC/DC 转换器：为车辆低压电器提供电源和给 12 V 蓄电池充电。
- 动力蓄电池→BDU→PTC 加热器：为车载暖风系统提供加热功能。
- 外部 220 V 电源→车载充电器→BDU→动力蓄电池：使用外部 220 V 电源为动力蓄电池充电。

2）冷却特性

纯电动汽车很多部件需要保持稳定的工作温度。大多数纯电动汽车设计有以下 2 个热交换系统。

（1）动力蓄电池的加热与冷却。

动力蓄电池的加热和冷却系统，用于维持电池在最佳的工作温度，从而尽可能延长电池的使用寿命并获得最大功率。如果是锂电池，它的有效工作温度通常在 -40~50 ℃，因此车辆通常设计有风冷或水冷系统来对动力蓄电池进行维持稳定的工作温度。

风冷的动力蓄电池一般被安装在车辆的底盘位置，当车辆行驶时，通过底盘流动的空气对动力蓄电池进行冷却，没有单独设计其他辅助部件，如图 4-1-9 所示。

图 4-1-9 动力蓄电池风冷结构形式

采用水冷的动力蓄电池，会设计有一套冷却回路，如图4-1-10所示，当电池组温度过高时，利用空调系统运行先对电池组的冷却液进行降温，再冷却电池组；当电池组温度过低时，通过加热电池组内的冷却液来让电池组升温。需要注意的是，整个电池组的冷却液都是由电动循环泵来让电池组内冷却液保持循环的。

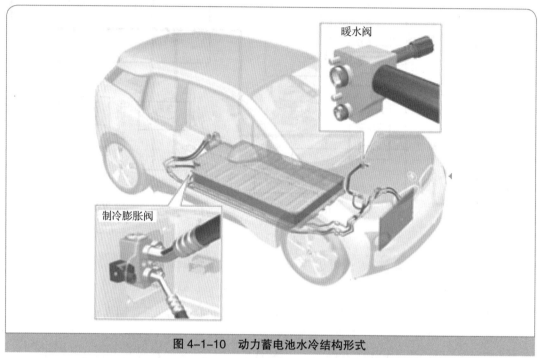

图4-1-10　动力蓄电池水冷结构形式

（2）逆变器与电动机的冷却。

逆变器和电动机的冷却，用于降低逆变器和电动机工作时产生的高温，防止部件过热产生功能失效。例如，目前所采用的大多数永磁三相电动机，当电动机的温度超过一定值后，其永磁转子的磁性会急剧下降，从而导致电动机的输出功率降低。

对电动机或逆变器的冷却通常设计有2种方式，分别是水冷和风冷。图4-1-11所示为水冷类型的逆变器与电动机，电动机的外壳设计有冷却水道；图4-1-12所示为风冷型电动机，电动机的外壳上设计有很多散热片。

图4-1-11　水冷类型的逆变器与电动机

4.1 纯电动汽车基本结构与原理

图 4-1-12　风冷型电动机

（3）其他部件的冷却。

纯电动汽车中其他部件，如 DC/DC 转换器、车载充电器等部件，由于这些部件在工作时产生的热量较少，因此通常采用风冷的结构形式。如图 4-1-13 所示的车载充电器，在壳体的上面设计有很多散热片。

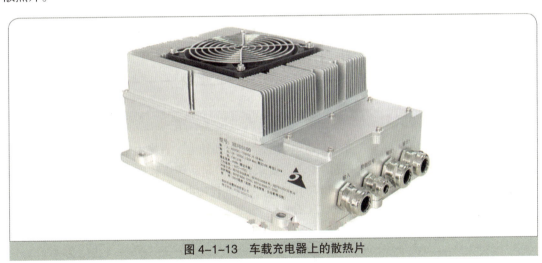

图 4-1-13　车载充电器上的散热片

三、纯电动汽车驱动系统布置形式

驱动系统是纯电动汽车的核心部分，其性能决定着纯电动汽车运行性能的好坏。纯电动汽车的驱动系统布置取决于电动机驱动系统的方式，可以有多种形式。常见的驱动系统布置形式如图 4-1-14~图 4-1-16 所示，其中，M 为驱动电机，C 为离合器，GB 为变速器，FG 为定速减速器，D 为差速器。

如图 4-1-14 所示，第 1 种与传统汽车驱动系统的布置方式一致带有变速器和离合器，只是将发动机换成电动机，属于改造型电动汽车。这种布置可以提高纯电动汽车的起动转矩，增加低速时纯电动汽车的后备功率。

项目四 纯电动汽车

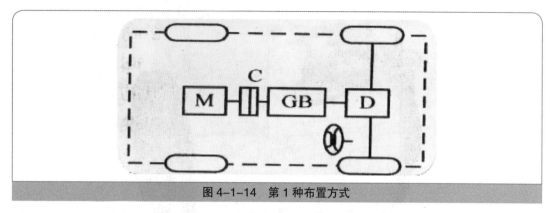

图 4-1-14 第 1 种布置方式

如图 4-1-15 所示，第 2 种取消了离合器和变速器，优点是可以继续沿用当前发动机汽车中的动力传动装置，只需要一组电动机和逆变器。这种方式对电动机的要求较高，不仅要求电动机具有较高的起动转矩，而且要求其具有较大的后备功率，以保证电动汽车的起动、爬坡、加速超车等动力性。

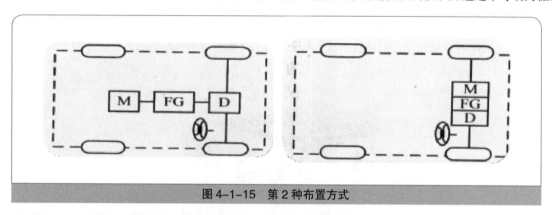

图 4-1-15 第 2 种布置方式

如图 4-1-16 所示，第 3 种布置方式是将电动机装到驱动轴上，直接由电动机实现变速和差速转换。这种传动方式同样对电动机有较高的要求，要求较大的起动转矩和后备功率，同时不仅要求控制系统有较高的控制精度，而且要具备良好的可靠性，从而保证电动汽车行驶的安全、平稳。

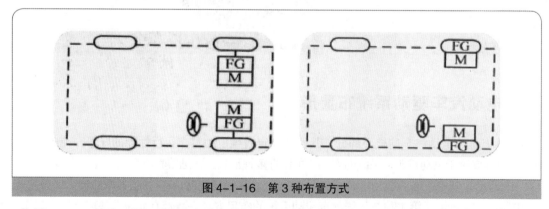

图 4-1-16 第 3 种布置方式

如图 4-1-17 所示，第 4 种布置方式与第 3 种布置方式比较接近，将电动机直接装到了驱动轮上，由电动机直接驱动车轮行驶。

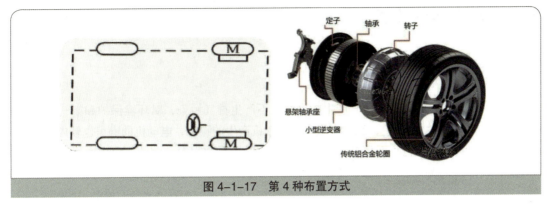

图 4-1-17　第 4 种布置方式

目前，我国的电动汽车大多建立在改装车的基础上，其设计是一项机电一体化的综合工程。改装后高性能的获得并不是简单地将内燃机汽车的发动机和油箱换成电动机和蓄电池便可以实现的，它必须对蓄电池、电动机、变速器、减速器和控制系统等参数进行合理的匹配，而且在进行总体方案布置时必须保证连接可靠、轴荷分配合理等。

四、纯电动汽车的动力性能

1. 纯电动汽车的驱动力

纯电动汽车的电动机输出转矩 M，使驱动轮与地面间产生相互作用，从而地面对车轮产生一个反向的作用力 F_t，F_t 与汽车前进方向一致，因而 F_t 即驱动力。所以有

$$M_t = M i_g i_0 \eta$$

$$F_t = \frac{M_t}{r} = \frac{M i_g i_0 \eta}{r}$$

式中：F_t——驱动力（N）；

M——电动机输出转矩（N·m）；

i_g——减速器或者变速器传动比；

i_0——主减速器传动比；

η——电动汽车机械传动效率；

r——驱动轮半径（m）。

2. 纯电动汽车的电动机转矩特性

汽车在各种工况下行驶时，所需要的转矩和功率是行驶速度的函数，取决于不同车速行驶时所遇到的行驶阻力。电动机的转矩与速度特性必须满足汽车的这种需要。假设电动机在不同速度、转矩时的功率保持不变，则

$$P_M = \frac{M_n}{9\,549}$$

式中：M_n——电动机转矩（N·m）；

P_M——电动机输出功率（kW）。

五、纯电动汽车的特点

1. 无污染，噪声低

纯电动汽车无内燃机汽车工作时产生的废气，不产生排气污染，对环境保护和空气的洁净是十分有益的，有"零污染"的美称；纯电动汽车无内燃机产生的噪声，电动机的噪声也较内燃机小。但是，使用纯电动汽车并非绝对无污染，例如使用铅酸电池作动力源，制造、使用中要接触到铅，充电时产生酸气，会造成一定的污染；蓄电池充电所用的电力，在用煤炭作燃料时会产生 CO、SO_2、粉尘等；随着技术的发展，可以用其他电池作纯电动汽车的电源，如发展水电、核电、太阳能充电等。

2. 能源效率高，多样化

纯电动汽车的研究表明，其能源效率已超过汽油机汽车，特别是在城市运行，汽车走走停停，行驶速度不高，纯电动汽车更加适宜。纯电动汽车停车时不消耗电量，在制动过程中，电动机可自动转化为发电机，实现制动减速时能量的再利用。

另外，纯电动汽车的应用可有效减少对石油资源的依赖，从而将有限的石油用于更重要的方面。向蓄电池充电的电力可以由煤炭、天然气、水力、核能、太阳能、风力、潮汐等能源转化而来。除此之外，如果夜间向蓄电池充电，还可以避开用电高峰，有利于电网均衡负荷，减少费用。

3. 结构简单，使用维修方便

纯电动汽车较内燃机汽车结构简单，运转、传动部件少，维修保养工作量小；当采用交流感应电动机时，电动机无须保养维护；更重要的是纯电动汽车易操纵。

4. 动力电源使用成本高，续驶里程短

目前纯电动汽车尚不如内燃机汽车那样技术完善，尤其是动力电源（电池）的寿命短，使用成本高；电池的储能量小，一次充电后续驶里程不理想；纯电动汽车的价格较贵。但从发展的角度看，随着科技的进步，投入相应的人力、物力，纯电动汽车的问题会逐步得到解决。扬长避短，纯电动汽车会逐渐普及，其价格和使用成本必然会降低。

六、纯电动汽车的几个重要指标

1. 比功率

比功率（kW/kg）是衡量汽车动力性能的一个综合指标，具体是指汽车发动机最大功率与汽车总质量之比。一般来讲，对同类型汽车而言，比功率越大，汽车的动力性越好。

2. 比能量

比能量指的是单位质量或单位体积的能量。比能量用 W·h/kg 或 W·h/L 来表示。几种蓄电池的

比能量如表 4-1-1 所示。

表 4-1-1　几种蓄电池的比能量

电池类型	锂/亚硫酰氯电池	锌空气电池	钠硫电池	镍氢电池	镍镉电池
比能量	200 W·h/kg 以上	200 W·h/kg	109 W·h/kg	75~80 W·h/kg	55 W·h/kg

七、纯电动汽车的关键技术

1. 电动机及控制技术

纯电动汽车的驱动电机属于特种电动机，是纯电动汽车的关键部件。要使纯电动汽车具有良好的使用性能，驱动电机应具有较宽的调速范围及较高的转速，足够大的起动转矩，体积小、质量小、效率高且有动态制动强和能量回馈的性能。电动汽车所用的电动机正在向大功率、高转速、高效率和小型化方向发展。

随着电动机及驱动系统技术的发展，控制系统趋于智能化和数字化。变结构控制、模糊控制、神经网络控制、自适应控制，以及专家系统、遗传算法等非线性智能控制技术，都将应用于纯电动汽车的电动机控制系统。它们的应用将使系统结构简单、响应迅速、抗干扰能力强，参数变化具有鲁棒性，可大大提高整个系统的综合性能。

纯电动汽车再生制动控制系统可以节约能源、提高续驶里程，具有显著的经济价值和社会效益。再生制动还可以减少汽车制动片的磨损，降低车辆故障率及使用成本。

2. 电池及管理技术

电池是纯电动汽车的动力源泉，也是一直制约纯电动汽车发展的关键因素。纯电动汽车用电池要求比能量高、比功率大、使用寿命长，但目前的电池能量密度低，电池组过重，续驶里程短，价格高，循环寿命有限。

纯电动汽车用动力蓄电池经过 3 代的发展，已取得了突破性的进展。第 1 代是铅酸电池，其比能量较高、价格低和能高倍率放电，是目前唯一能大批量生产的电动汽车用电池。第 2 代是碱性电池，主要有镍镉、镍氢、钠硫、锂离子和锌空气等多种电池，其比能量和比功率都比铅酸电池高，因此大大提高了电动汽车的动力性能和续驶里程，但其价格比铅酸电池高。只要能采用廉价材料，纯电动汽车用锂离子电池将获得长足的发展，目前关键是要降低批量化生产的成本，提高电池的可靠性、一致性及寿命。第 3 代是以燃料电池为主的电池。燃料电池能量转变效率、比能量和比功率都高，并且可以控制反应过程，能量转化过程可以连续进行，因此是理想的汽车用电池。

电池组的性能直接影响整车的加速性能、续驶里程以及制动能量回收的效率等。电池的成本和循环寿命直接影响车辆的成本和可靠性，所有影响电池性能的参数必须得到优化。纯电动汽车的电池在使用中发热量很大，电池温度影响电池电化学系统的运行、循环寿命和充电可接受性、功率和能量、安全性和可靠性。所以，为了达到最佳的性能和寿命，需将电池包的温度控制在一定范围内。减小包内不均匀的温度分布以避免模块间的不平衡，以此避免电池性能下降，且可以消除相关的潜在危险。由于电池包的设计既要密封、防水、防尘、绝缘等，又要考虑空气流流场分布、均匀散热，

项目四 纯电动汽车

因此电池包的散热通风设计成为纯电动汽车研究的一个重要领域。

3. 整车控制技术

新型纯电动轿车整车控制系统是两条总线的网络结构,即驱动系统的高速 CAN 总线和车身系统的低速总线。高速 CAN 总线每个节点为各子系统的 ECU。低速总线按物理位置设置节点,基本原则是基于空间位置的区域自治。

实现整车网络化控制,其意义不只是解决汽车电子化中出现的线路复杂和线束增加问题,网络化实现的通信和资源共享能力成为新的电子与计算机技术在汽车上应用的一个基础,同时也为 X—by—Wire 技术提供了有力的支撑。

4. 整车轻量化技术

整车轻量化始终是汽车技术重要的研究内容。纯电动汽车由于布置了电池组,整车质量增加较多,因此轻量化问题更加突出。但可以采用以下措施减轻整车质量:

(1)通过对整车实际使用工况和使用要求的分析,对电池的电压、容量、驱动电机功率、转速和转矩,整车性能等车辆参数的进行整体优化,合理选择电池和电动机参数。

(2)通过结构优化和集成化、模块化优化设计,减轻动力总成、车载能源系统的质量。这里包括对电动机及驱动器、传动系统、冷却系统、空调和制动真空系统的集成和模块化设计,使系统得到优化;通过电池、电池箱、电池管理系统、车载充电机组成的车载能源系统的合理集成和分散,实现系统优化。

(3)积极采用轻质材料,如电池箱的结构框架、箱体封皮、轮毂等采用轻质合金材料。

(4)利用 CAD 技术对车身承载结构件(如前后桥、新增的边梁、横梁)进行有限元分析研究,用计算和试验相结合的方式实现结构最优化。

八、纯电动汽车的运行模式

纯电动汽车的运行模式较为简单,主要包括动力模式和显示等附属模式。

1. 纯电动汽车的动力模式

纯电动汽车的主控模式是整车控制器 VCU。纯电动汽车运行时,由整车控制器采集加速踏板和挡位状态信息来判断驾驶员的驾驶意图,并结合动力系统部件状态,协调动力驱动系统输出动力。另外,整车控制器还会同时协调动力蓄电池、热交换系统运行和仪表显示等辅助功能。

1)加速前进

整车控制器读取换挡 PRND 信息及制动开关信号,根据加速踏板的位置信号,发送给逆变器,控制电动机功率、方向的输出。

注意:当外部充电线连接在车上时,系统将禁止车辆移动。

2)减速与制动

滑行或者减速时,整车控制器能够进行制动能量的回收。制动能量通过驱动电机转换为电能储存到动力蓄电池中。

注意:当 ABS 被激活或者 ABS 故障时,整车控制系统将关闭该功能。

3)运行中的动力模式管理

整车控制器不间断利用各个传感器采集车辆状态,计算并输出期望的扭矩。

动力蓄电池 BMS 随时检测电池的运行状态,并及时传送给整车控制器,控制器结合这些状态信息及当前的功率输出需求来平衡高压电能功率的使用,并通过仪表显示给驾驶员。

北汽 EV160 动力模式在车辆上的显示如图 4-1-18 所示。

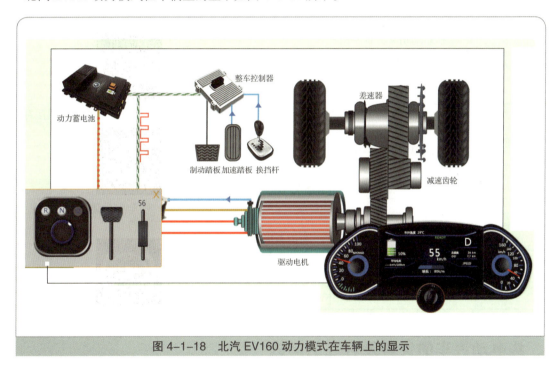

图 4-1-18 北汽 EV160 动力模式在车辆上的显示

2. 纯电动汽车续驶里程的运行策略

针对城市出行设计的纯电动车辆,大多数的续驶里程都可以达到 120 km 以上。但是,在车辆的实际运行中,整车控制器还会持续计算剩余的电池能量和当前的驾驶模式,根据车辆剩余的可用电能,车辆通常也会采取相应的提示和限制措施。

例如,如图 4-1-19 所示的宝马 i3 纯电动汽车中,设计有图中所示的电量控制策略,即图中显示的动力蓄电池内剩余电量(横坐标百分比表示的电池剩余电量)与车辆的运行模式关系。表 4-1-2 所示为不同电量区域下车辆采用的运行模式比较。

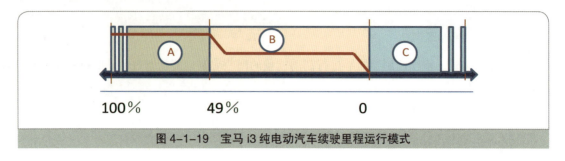

图 4-1-19　宝马 i3 纯电动汽车续驶里程运行模式

表 4-1-2　不同电量区域下车辆采用的运行模式比较

状态	特点	原因	显示/提醒
区域 A 不受限行驶	可最大限度地进行制动能量回收利用；全部车载电器等均可使用	高压蓄电池充电状态处于最佳范围内	正常功能显示
区域 B 有限驱动功率行驶	降低驱动功率以保护组件；可能无法再提供全部车载电器功能	高压蓄电池电量过低	类似电池电量低提醒符号
区域 C 高压系统已停用	由于高压系统无法再提供能量，因此驱动系统和车载电器不再运行	高压系统切换为无电压	类似电池电量关闭提醒符号
无法进行制动能量回收利用	松开踏板时，不通过电动驱动装置使车辆减速	高压蓄电池无法吸收电能（例如已充满电或电池温度不允许）	类似制动能量回收系统关闭提醒符号

九、纯电动汽车的优势及存在的问题

1. 纯电动汽车的优势

纯电动汽车较少的部件意味着维修成本。现今，电动机的效率在 80%~95%，而内燃机效率只有 5%~25%，纯电动汽车提供了更高的效率。众所周知，纯电动汽车的能源费用也非常小，因而总体费用减少了。

2. 纯电动汽车的不足

纯电动汽车最大的不足是续驶里程短，充电时间长达数小时。目前的纯电动汽车续驶里程在 150 km 左右，虽然这对于 90% 的上班族已足够，但传统内燃机汽车续驶里程一般在 300~400 km。此外，由于电动机及电池技术的限制，目前纯电动汽车的价格昂贵，因而它还不能完全取代内燃机汽车。

实训项目 纯电动汽车主要部件识别

（一）工作准备

（1）防护装备：无特殊要求。
（2）车辆、台架、总成：比亚迪 e6，或北汽 EV 系列，或荣威 e50，或其他纯电动汽车。
（3）专用工具、设备：无。
（4）手工工具：无。
（5）辅助材料：无。

（二）实施步骤

本项目主要根据已经学习的内容，以典型的车型为例，来重点掌握并识别纯电动汽车的主要部件。

1. 操作前准备（禁用高压系统）

实训教师在执行该操作任务前，务必首先执行车辆高压的禁用。

（1）关闭点火开关。
（2）断开蓄电池负极。
（3）手动拆卸车辆高压维修开关。
（4）等待 5 min，并设置明显的高压部件警示标识。

2. 比亚迪 e6 纯电动汽车部件认知与识别

比亚迪 e6 为一款新能源、新动力、纯电动乘用车，是比亚迪着力打造的环保产品（见图 4-1-20）。其采用承载式车身，纵梁为前后贯通式，动力蓄电池与车身有机地融为一体，充分保证电池和整车的安全。

电池为比亚迪核心技术，采用磷酸铁锂电池，变速单元及其控制均为比亚迪核心技术，75 kW 的电动机充分保证了车辆运行各种工况所需要的动力来源。各种新技术的配备，使 e6 不论从外观视觉还是主观驾驶，都给人与众不同的冲击感。

图 4-1-20 比亚迪 e6

e6 高压电池包容量为 220 A·h，使 e6 满电后能量超过 65 kW·h，综合工况续驶里程超过 300 km。此外，75 kW 电动机可以为 e6 提供高转速、大扭矩，e6 的百公里加速时间为 15 s，最高设计车速可达 140 km/h。由于 e6 在各种工况都是电力驱动，因此在环保方面可以实现零排放，百公里电耗控制在 20 kW·h 以内。

1）e6 主要高压部件布置

车前部主要有逆变器、电力分配 BDU、驱动电机的变速单元和驱动轮；车辆后部有动力蓄电池、充电接口、车载充电器和 DC/DC 转换器等。比亚迪 e6 主要部件位置如图 4-1-21 所示。

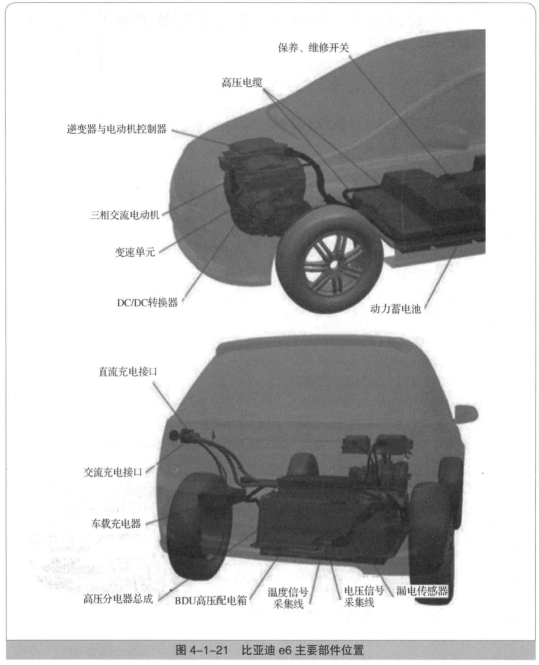

图 4-1-21 比亚迪 e6 主要部件位置

2）主要部件识别

（1）动力蓄电池。

e6 的动力蓄电池（见图 4-1-22）安装在车辆的底盘下方，BMS 被布置在后备厢的备胎底部。

e6 采用的为磷酸铁锂电池，每个单体电池 3.3 V，总标称电压 316.8 V，容量 210 A·h。整个电池包由 11 个模组构成，共 96 节电池。

图 4-1-22　比亚迪 e6 动力蓄电池

（2）充电接口。

e6 支持车载快充和慢充。布置在车辆左侧的充电接口和车载充电器用于将来自家用的 220 V 交流电转换为 330 V 直流电给动力蓄电池充电。

图示 4-1-23 所示为车辆的充电接口，图中位于左侧的是快速充电接口，利用专用的充电站可以 15 min 完成 80% 的充电电量；右侧是普通慢速充电接口，连接家用 220 V 交流电源。

图 4-1-23　e6 充电接口位置

（三）评价与反馈

考核项目	评分标准	分数	学生自评	小组互评	教师评价	小计
团队合作	是否和谐	5				
活动参与	是否积极主动	5				
安全操作	有无安全隐患	10				
现场 6S	是否做到	10				
任务方案	是否正确、合理	15				
操作过程	按操作步骤完成并完成相关内容的填写	30				
课题完成情况	是否圆满完成	5				
工具和设备使用	是否规范、标准	10				
劳动纪律	是否严格遵守	5				
工单填写	是否完整、规范	5				
总分		100				
教师签名				得分		

一、填空题

1. 纯电动汽车驱动系统主要的部件包括_____、_____、带有电动机的_____。
2. 纯电动汽车制动或减速时，将能量通过逆变器、BDU 传回动力蓄电池，为电池_____。
3. 纯电动汽车驱动系统需要一套完善的控制模块，即_____、_____和 BMS。
4. 动力蓄电池的加热和冷却系统，用于维持蓄电池在最佳的_____。
5. 滑行或者减速时，整车控制器能够进行_____的回收。

二、判断题

1. 纯电动汽车动力蓄电池内的电能一直处于输出状态。（　　）
2. 当电动机的温度超过一定值以后，电动机的输出功率会降低。（　　）
3. 当外部充电线连接在纯电动汽车上时，控制系统将禁止车辆移动。（　　）
4. 当 ABS 被激活或者 ABS 故障时，制动能量回收功能不受影响。（　　）
5. 动力蓄电池为比亚迪汽车核心技术，采用磷酸铁锂电池。（　　）

三、选择题

1. 纯电动汽车高压动力蓄电池的电能主要提供给（　　）。

A.逆变器控制模块　　　　　　B.高压压缩机

C.PTC 加热器　　　　　　　　D.DC/DC 转换器

2. 逆变器控制模块的主要作用是（　　）。

A.控制驱动电机的运转　　　　B.接收发电机发出的电能

C.调节汽车充电电流　　　　　D.控制压缩机运转速度

3. 大多数纯电动汽车设计的热交换系有（　　）。

A.1 个　　　　　　　　　　　B.2 个

C.3 个　　　　　　　　　　　D.4 个

4. 用于接收外部 220 V 电源，并转换成能够给高压动力蓄电池充电的部件是（　　）。

A.逆变器　　　　　　　　　　B.DC/DC 转换器

C.车载充电器　　　　　　　　D.BDU

5. 以下属于纯电动汽车运行模式的有（　　）。

A.制动能量回收　　　　　　　B.电力驱动

C.减速断油　　　　　　　　　D.冷起动加浓喷油

4.2 典型纯电动汽车实例

学习目标

1. 了解纯电动汽车的典型车型。
2. 了解典型纯电动汽车技术参数。
3. 掌握典型纯电动汽车基本操作。

一、典型纯电动汽车介绍

1. 瑞麒 M1 EV 纯电动汽车

瑞麒 M1 EV 纯电动汽车（见图 4-2-1）搭载了 336 V 功率的电驱动系统，并配备了 60 A·h 的高性能锂电池。此外，瑞麒 M1 EV 还可利用 220 V 的民用电源进行充电，充电时间一般在 6~8 h。

图 4-2-1　瑞麒 M1 EV 纯电动汽车

2. 奇瑞的 S18D 增程电动汽车

作为专为都市精英量身打造的"城市酷尚 SUV"，S18D 配备了自动开启的增程器，其特点是以纯电动驱动为主，配备了 8 kW 的增程器，可以解决在极端情况下的电动汽车续驶里程问题，达到 300 km 的长续驶里程。增程器将自动起动并为其继续提供电能或直接驱动电机，以实现高达数百千米的续驶能力。奇瑞的 S18D 增程电动汽车如图 4-2-2 所示。

图 4-2-2　奇瑞的 S18D 增程电动汽车

3. 高尔夫 blue motion

高尔夫 blue motion（见图 4-2-3）是基于全球最畅销的紧凑车型之一的高尔夫所打造的，是大众汽车新能源汽车技术的重要成果。高尔夫电动车的动力来源于其先进的电池系统，该系统是由以 180 个锂离子电池单元组成的 30 个电池模块所构成，容量为 26.5 kW·h。此外，驾驶员通过自动变速器的排挡或转向盘上的换挡拨片，分 4 级（D~D3）来调节制动能量回收系统的强度。

图 4-2-3　高尔夫 blue motion

4. 英菲尼迪 LE 概念车

英菲尼迪 LE 概念车（见图 4-2-4）基于日产聆风打造，是一款三厢造型紧凑级车型，车头造型来源于 G37 车型，是一辆纯电动汽车，其前进气格栅采用全封闭设计，英菲尼迪的前车标后面则是它的充电插口。动力系统是该车最大的亮点，搭载了一台由 24 kW 锂电池供电的电动机，最大功率达 100 kW，扭矩最大达到 325 N·m。

图 4-2-4　英菲尼迪 LE 概念车

5. 福特 TRANSIT CONNECT 电动汽车

福特 TRANSIT CONNECT 电动汽车（见图 4-2-5）是福特推出的首款电动车，已于 2010 年年末开始向北美市场交车，不过这并不是常见的轿车，而是一款商用载货车型，最高车速可达 120 km/h，续驶里程为 130 km，拥有 3.8 m³ 的载货空间和 500 kg 的载重能力。

图 4-2-5　福特 TRANSIT CONNECT 电动汽车

6. 特斯拉 Model S 电动汽车

特斯拉 Model S（见图 4-2-6）是特斯拉真正意义上的第一款完全自主研发的车型，其市场表现较好。在外观设计上，Model S 采用了一种很讨巧的方式，它坚持自己的独特路线，拥有非主流的四门轿跑造型，并且在诸如隐形门把手等细节设计上凸显了它的科技感。

图 4-2-6 特斯拉 Model S 电动汽车

从组成来看，Model S 主要是由电池包、底盘悬架系统和车体三大部件组成的，如图 4-2-7 所示。Model S 的电池包提供 60 kW·h、85 kW·h 和 85 kW·h 三个容量版本，最大输出功率分别为 225 kW、270 kW 和 310 kW，因此在性能上 Model S 的实力不容小视。

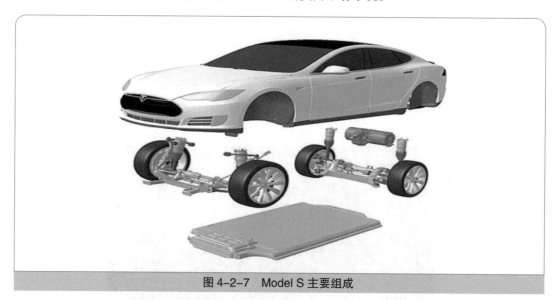

图 4-2-7 Model S 主要组成

Model S 能在续驶能力上大行其道，得益于其拥有一套创新的电池管理系统。特斯拉使用大多数笔记本等数码产品所用 18650 圆钴酸锂电池，这与其他电动车厂家相比是相当叛逆的做法。因为这种钴酸锂电池虽然技术较为成熟、功率高、能量密度大且一致性较高，但问题是安全系数较低，热特性和电特性较差，成本也相对较高。更为危险的是，18650 电池外电压但凡低于 2.7 V 或高于 3.3 V，都会出现过热的症状。如果电池包较大且温度梯度控制得不好，会存在很大的起火风险。特斯拉借鉴了网络控制领域用过程控制成百上千台服务器的模式，引入了分层管理的方法。具体地，特斯拉将电池组以片、块、组、包等逐级递增的单位形式组合，在每个层级实施全面监控，在每个蓄电池片、电池块和电池组中设计了监控单元和熔断丝，一旦检测到电流过大或电池过热时立刻断开输出，而要驱动这质量达到 2 t 的 Model S 无疑需要大量的 18650 电池，在 Model S 上，这个数字达到了惊人的 7 000 节（见图 4-2-8）。

图 4-2-8 特斯拉电池

解决完续驶能力问题后,在充电问题上,特斯拉又是如何解决的呢?特斯拉给出的解决方式有5种:

(1)采用标配的 110 V/220 V 家用充电 Mobile Connector 充满需要 30 h。

(2)采用标配集成 10 kW 的 Single Charger 充电器充满需要 10 h。

(3)采用加装的一种集成 20 kW 的 Twin Charge 充电器充满只需 5 h。

(4)采用选装的一种装在家庭墙壁或停车场的 High Power Wall Connector 充满需要 5 h。

(5)采用 85 kW·h 标配(进入中国的车型全部为 85 kW·h)Super Charging 充满 80% 只需 45 min。(这种充电方式现在仅存在于北美。而在未来,特斯拉首先会在北京至上海的高速沿线上建立这种超级充电站。)

7. 上汽荣威 e50 纯电动汽车

(1)上汽荣威 e50 纯电动汽车(见图 4-2-9)定位:都市代步,年轻、时尚上班族。详细技术参数如表 4-2-1 所示。

图 4-2-9 上汽荣威 e50 纯电动汽车

表 4-2-1　上汽荣威 e50 纯电动汽车详细技术参数

续驶里程	最高车速	外形尺寸	整车质量	充电时间
120 km	130 km/h	3 569 mm × 1 551 mm × 1 540 mm	1 080 kg	慢充 6 h、快充 30 min（10%~80%）
电池类型	最大功率	最大扭矩	售价	上市时间
磷酸铁锂电池	52 kW	155 N·m	14.49 万 ~23.49 万元	2013 年 11 月

（2）上汽荣威 e50 动力蓄电池如图 4-2-10 所示。荣威 e50 的蓄电池包总计容量为 18 kW，60 km/h 匀速工况下续驶里程为 180 km，还采用了轻量化设计，总质量还不到 230 kg，占整车质量的 1/5，寿命则长达 2 000 次以上完全充放电，厂家为其提供 5 年或 10 万公里免费质保，其在电池质保期内损耗率超过 20% 均可免费更换新电池。

图 4-2-10　上汽荣威 e50 动力蓄电池

8. 众泰知豆 E20 纯电动汽车

众泰知豆 E20 纯电动汽车（见图 4-2-11）定位：都市代步，有效解决城市通勤。它配备的动力蓄电池为 10.5 kW·h，采用 220 V 交流电充电，充满一次可以续航 120 km。详细技术参数如表 4-2-2 所示。

图 4-2-11　众泰知豆 E20 纯电动汽车

表 4-2-2　众泰知豆 E20 纯电动汽车详细技术参数

续驶里程	最高车速	外形尺寸	整车质量	充电时间
120 km	80 km/h	2 765 mm × 1 540 mm × 1 555 mm	670 kg	慢充 6 h、快充 20 min 充 80%
电池类型	最大功率	最大扭矩	售价	上市时间
磷酸铁锂电池	18 kW	82 N·m	4.88 万 ~10.88 万元	2014 年 5 月

9. 江淮 iEV5 纯电动汽车

江淮 iEV5 纯电动汽车（见图 4-2-12）定位：都市上下班代步。详细技术参数如表 4-2-3 所示。

图 4-2-12　江淮 iEV5 纯电动汽车

表 4-2-3　江淮 iEV5 纯电动汽车详细技术参数

续驶里程	最高车速	外形尺寸	整车质量	充电时间
200 km	120 km/h	4 310 mm × 1 710 mm × 1 500 mm	1 260 kg	慢充 8 h、快充 2.5 h
电池类型	最大功率	最大扭矩	售价	上市时间
三元锂电池	50 kW	210 N·m	15.48 万 ~18.07 万元	2014 年

10. 比亚迪 e6 纯电动汽车

比亚迪 e6 纯电动汽车（见图 4-2-13）定位：高续驶、都市旅行必备。详细技术参数如表 4-2-4 所示。

图 4-2-13　比亚迪 e6 纯电动汽车

表 4-2-4　比亚迪 e6 纯电动汽车详细技术参数

续驶里程	最高车速	外形尺寸	整车质量	充电时间
300 km	140 km/h	4 560 mm × 1 822 mm × 1 645 mm	2 380 kg	快充 6 h、慢充 24 h
电池类型	最大功率	最大扭矩	售价	上市时间
磷酸铁锂电池	90 kW	450 N·m	30.98 万 ~33.00 万元	2011 年 10 月

e6 是比亚迪进军纯电动汽车市场的第一款作品，2009 年比亚迪汽车就开始在各种场合展示比亚迪 e6 纯电动汽车，在经过几年的研发之后，最终在 2011 年推出。它搭载了比亚迪自主研发的磷酸铁锂电池，还装配了博世 iBooster 技术，除了制动系统不依赖真空环境外，与动力回收之间的匹配也是 iBooster 技术的特点。

11. 北汽 EC180 纯电动汽车

EC180（见图 4-2-14）由北汽新能源全新平台开发，尺寸为 3 671 mm×1 627 mm×1 494 mm，轴距达 2 360 mm。动力方面，新车将搭载最大功率为 30 kW 的电动机，配以高性能三元锂电池，并配备北汽新能源超级电驱技术 e~Motion Drive，普通模式下综合续驶里程可达 180 km，在同级别中居于领先地位。详细技术参数如表 4-2-5 所示。

4.2 典型纯电动汽车实例

图 4-2-14 北汽 EC180 纯电动汽车

表 4-2-5 北汽 EC180 纯电动汽车详细技术参数

续驶里程	最高车速	外形尺寸	整车质量	充电时间
180 km	100 km/h	3 675 mm × 1 630 mm × 1 518 mm	1 050 kg	7 h
电池类型	最大功率	最大扭矩	售价	上市时间
三元锂电池	30 kW	140 N·m	4.58 万~35.18 万元	2017 年 5 月

二、典型纯电动汽车仪表指示灯

纯电动汽车的仪表设计外观、安装位置与传统汽车相同，但是在仪表指示灯及显示功能上与燃油汽车有区别，主要表现在：

（1）取消了发动机转速表，增加了功率输出表。

（2）取消了原有的燃油位置表，增加了电池电量表。

（3）取消了原来与发动机有关的一些故障警告灯，如机油压力、水温警告灯，新增动力蓄电池温度、电动机温度等警告灯等。

虽然纯电动汽车的车型较多，仪表的设计风格也多种多样，但是其内部指示灯及显示的基本参数是相同的。本课题以 2014 款比亚迪 e6 仪表及指示灯（见图 4-2-15）为例来介绍纯电动汽车仪表的特点。

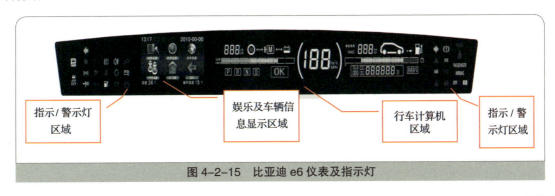

图 4-2-15 比亚迪 e6 仪表及指示灯

比亚迪 e6 仪表设计造型新颖，信息显示内容全面，主要分成指示/警示灯区域、行车计算机区域、娱乐及车辆信息显示区域。仪表采用高清液晶显示屏，体现了数字化时代气息。

与纯电动汽车相关的一些特殊仪表指示灯及显示信息如下：

1. 电动机冷却液温度过高警告灯

如果此指示灯点亮，表示电动机冷却液温度太高，要停车并使电动机降温。

在下列工作条件下，电动机可能会产生过热现象，例如：

（1）在炎热的天气进行长途爬坡。

（2）频繁急制动、急加速的状态。

（3）拖曳挂车时。

2. 动力系统故障指示灯

当起动按钮处于"ON"挡位置时，此灯点亮，如果动力系统工作正常，则几秒钟后此灯熄灭。此后，如果系统发生故障，此灯将再次点亮。

如果发生任何一种下列情况，则表示由警告灯系统监控的部件中发生故障，需尽快检查维修车辆：

（1）当起动按钮处于"ON"挡位置时，此灯不亮或持续发亮。

（2）驾驶中此灯点亮。

3. 电动机及控制器过热警告灯

如果此指示灯点亮，则表示电动机温度太高，需停车并使电动机降温。

在下列工作条件下，电动机可能会产生过热现象，例如：

（1）在炎热的天气进行长途爬坡。

（2）在停停走走的交通状态，频繁急制动、急加速的状况，或长时间车辆运转得不到休息的状况。

（3）拖曳挂车时。

4. P/S 电动助力转向故障指示灯

当起动按钮处于"ON"挡位置时，此灯点亮。如果电动助力转向系统工作正常，则几秒钟后此灯熄灭。此后，如果系统发生故障，此灯将再次点亮。

如果发生任何一种下列情况，则表示由警告灯系统监控的部件中发生故障，需尽快检查维修车辆：

（1）当电源挡位打到"ON"挡位置时，此灯不亮或持续发亮。

（2）驾驶中此灯点亮。

5. 动力蓄电池故障警告灯

当起动按钮处于"ON"挡位置时，此灯点亮。如果动力蓄电池系统工作正常，则几秒钟后此灯熄灭。此后，如果系统发生故障，此灯将再次点亮，需尽快检查维修车辆。
如果发生任何一种下列情况，则表示由警告灯系统监控的部件中发生故障：
（1）当起动按钮处于"ON"挡位置时，此灯不亮或持续发亮。
（2）驾驶中此灯点亮。

6. 动力蓄电池过热警告灯

如果此指示灯点亮，则表示动力蓄电池温度太高，需停车降温。
在下列工作条件下，动力蓄电池可能会产生过热现象，例如：
（1）在炎热的天气进行长途爬坡。
（2）在停停走走的交通状态，频繁急制动、急加速的状况，或长时间车辆运转得不到休息的状况。
（3）拖曳挂车时。

7. 动力蓄电池充电状态指示灯

当动力蓄电池的电量接近用完时此灯点亮，需尽快将动力蓄电池充电。

8. 动力蓄电池充电连接指示灯

当连接充电器后此灯点亮，如要车辆行驶，请断开充电器后上电。

9. OK 指示灯

此灯表示车辆各动力系统工作正常，处于可行驶状态。

10. 动力蓄电池电量表

起动开关打开时，该表指示出动力蓄电池的电量。此指示为左右对称布置，左右指示同时变化。

11. 功率表

功率表默认用 kW 来指示整车的功率，可通过菜单中的单位设置选择功率。在车辆下坡或靠惯性行驶时，功率指示值可能为负值，表示此时车辆正在进行能量回收。

实训项目 纯电动汽车仪表信息的认知与充电操作

（一）工作准备

（1）实习指导教师着装：无要求。
（2）车辆、台架、总成：比亚迪 e6，或北汽 EV 系列，或荣威 e50 等纯电动汽车。
（3）专用工具、设备：随车充电器，充电桩。
（4）手工工具：无。

(5)辅助材料:无。

(二)实施步骤

本任务操作主要包括对纯电动汽车仪表信息的认知与对纯电动汽车进行充电设置与操作。

(1)观察纯电动实训车辆,并起动车辆。

纯电动汽车采用的有传统钥匙和智能钥匙两种。

如果是智能钥匙,在车内,按下"ENGINE START STOP"开关,可起动电动车,起动后,"OK"或"READY"灯点亮,如图 4-2-16 所示。

注意:起动电机前,一定要遵循车辆已挂入 P 挡位、制动踏板被完全踩下的要求。

图 4-2-16 比亚迪 e6 "ENGINE START STOP"开关与"OK"指示灯

提示信息:在下列情况下,电机将不能起动:

按下开关时,如果智能钥匙系统钥匙位置指示灯 点亮或者组合仪表信息显示屏显示"未检测到钥匙",并伴随车辆蜂鸣器鸣叫,则表明智能钥匙不在车内。如果智能钥匙的电池电量可能已耗尽,需要按照用户手册要求,将钥匙放到指定的备用起动位置。

(2)将钥匙开启到 ON 模式,但不起动车辆,观察仪表上指示灯,并说明其含义。

提示信息:如果是北汽 EV 系列车辆,仪表上指示灯可能包括以下信息(见图 4-2-17),图 4-2-17 中仪表指示灯信息如表 4-2-6 所示。

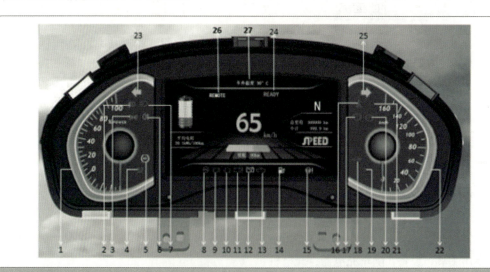

图 4-2-17 北汽 EV 纯电动汽车仪表指示灯

4.2 典型纯电动汽车实例

表 4-2-6 北汽 EV 纯电动汽车仪表指示灯信息

序号	组件	序号	组件	序号	组件
1	驱动电机功率表	10	电动机及控制器过热指示灯	19	充电线连接指示灯
2	前雾灯	11	动力蓄电池故障指示灯	20	制动指示灯
3	示廓灯	12	动力蓄电池断开指示灯	21	门开指示灯
4	安全气囊指示灯	13	系统故障灯	22	车速表
5	ABS指示灯	14	充电提醒灯	23，25	左/右转向指示灯
6	后雾灯	15	EPS故障指示灯	24	READY指示灯
7	远光灯	16	安全带未系指示灯	26	REMOTE指示灯
8	坡行指示灯	17	制动故障指示灯	27	室外温度提示
9	蓄电池故障指示灯	18	防盗指示灯		

（3）为纯电动汽车充电。

警告：充电前，务必遵守外部充电和车辆本身的安全操作要求。

纯电动汽车只能采用自身的动力蓄电池提供能量来行驶。为了避免因动力蓄电池过放电而导致车辆无法行驶，及时充电储能及行驶前计算电量需求是非常重要的。通常有三种充电方法可以为纯电动汽车充电：充电站直流充电、充电桩交流充电、家用交流充电。

①为车辆充电前的充电模式设置。纯电动汽车都设计有充电模式的选择，通过车辆收音机系统可以设置充电模式，这包括即插即充或预约充电等。

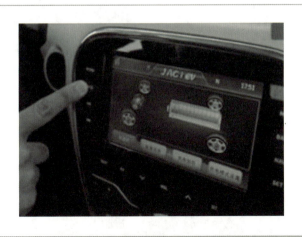

图 4-2-18 纯电动汽车充电模式设置

以比亚迪 e6 的充电模式设置（见图 4-2-18）为例，该车辆有两种充电模式：

（1）即时充电（一般直接充电）。

预约充电关闭时，当充电器连接好后车辆自动开始充电。

预约充电打开时，任何时候都可以使用即时充电按键实现立即充电，方法如下：

①电源挡位退至"OFF"挡。
②按一下即时充电按键,组合仪表提示"即时充电功能开启,请在 15 分钟内连接充电器"。
③15 min 内连接充电器实现立即充电。
(2)预约充电(按照设置的充电时间对车辆定时充电)。
在 DVD 显示屏上利用定时器可以制定动力蓄电池的充电时间,定时器包含充电开始时间、充电结束时间,一周中的每一天都可以单独设置定时器。

注意:
①定时器设置成功后马上生效,进入倒计时。
②只要充电开始时间设置完成,定时器就有效。
③只有充电结束时间设置时,DVD 不可保存设置。
④根据定时器开始充电,重新设置定时器后,根据最新的设置进行倒计时。
②为车辆进行充电。
本项目以交流充电桩为例,介绍对纯电动汽车的充电操作步骤。
操作步骤:将车辆与交流充电桩的交流充电器相连,实现交流充电。
a. 关闭车辆起动开关。
b. 设置即时充电模式。
c. 打开充电口盖拉索(见图 4-2-19)。

图 4-2-19 打开充电口盖拉索

d. 打开交流充电口盖(见图 4-2-20)。

图 4-2-20 打开交流充电口盖

e. 连接车辆端交流充电器（见图 4-2-21），仪表点亮充电连接指示灯。

图 4-2-21　连接车辆端交流充电器

f. 充电桩设置起动充电（见图 4-2-22）。

图 4-2-22　充电桩设置起动充电

g. 结束充电，断开交流充电器（见图 4-2-23），按下开关，拔出交流充电器，并将其放在指定位置。

图 4-2-23　断开交流充电器

h. 关闭充电口盖。

i. 交流即时充电结束。

(三) 评价与反馈

考核项目	评分标准	分数	学生自评	小组互评	教师评价	小计
团队合作	是否和谐	5				
活动参与	是否积极主动	5				
安全操作	有无安全隐患	10				
现场 6S	是否做到	10				
任务方案	是否正确、合理	15				
操作过程	按操作步骤完成并完成相关内容的填写	30				
课题完成情况	是否圆满完成	5				
工具和设备使用	是否规范、标准	10				
劳动纪律	是否严格遵守	5				

一、填空题

1. 纯电动汽车指的是采用_____作为驱动能源，使用_____车辆行驶的汽车。
2. 纯电动汽车的动力传输目前有_____和_____两种类型。
3. 当前上市的纯电动汽车主要采用的是_____动力布置形式。
4. _____是变速单元的主控部件，通常位于电动机变速单元的上部。
5. 与燃油汽车相比，纯电动汽车的仪表取消了发动机_____，增加了_____。

二、判断题

1. 北汽新能源 EV 系列、比亚迪 e6、荣威 e50 采用的是单一动力蓄电池的方式。（ ）
2. 轮毂电动机布置是将电动机直接装到驱动轴上，直接由电动机实现变速和差速转换。（ ）
3. 目前市场上的纯电动汽车主要采用的动力蓄电池是铅酸蓄电池。（ ）
4. 变速单元是纯电动汽车的动力输出部分，如果是前驱的车辆，通常安装在行李厢内。（ ）
5. 充电系统通常利用外接 380 V 交流电源，通过充电接口进入车载充电器。（ ）

三、选择题

1. 纯电动汽车提供动力的部件是（ ）。
   A. 动力蓄电池 B. 驱动电机的变速单元
   C. 充电接口 D. 内燃机
2. 纯电动汽车空调与暖风系统采用的方式有（ ）。
   A. 高压电动压缩机 B. PTC 电加热进风空气
   C. 高压电加热冷却液再循环 D. 内燃机废气加热

4.2 典型纯电动汽车实例

3. 以下属于纯电动汽车制动系统的特点有（　　）。
A. 没有制动真空助力器　　　　　　B. 不再采用液压制动管理
C. 制动前需要先挂入"P"挡　　　　D. 具有制动能量回收功能

4. 以下部件属于纯电动汽车的有（　　）。
A. 动力蓄电池　　　　　　　　　　B. 车载充电器
C. 逆变器　　　　　　　　　　　　D. 行星齿轮变速器

5. 纯电动汽车动力蓄电池获取能量的方式有（　　）。
A. 外部充电　　　　　　　　　　　B. 制动能量回收
C. 自发电　　　　　　　　　　　　D. 内燃机发电

项目五

燃料电池电动汽车的认知

燃料电池电动汽车实质上是电动汽车的一种,在车身、动力传动系统、控制系统等方面,燃料电池电动汽车与普通电动汽车基本相同,主要区别在于动力蓄电池的工作原理不同。燃料电池的反应机理是将燃料中的化学能不经过燃烧直接转化为电能,即通过电化学反应将化学能转化为电能,实际上就是电解水的逆过程——通过氢氧的化学反应生成水并释放电能。电化学反应所需的还原剂一般采用氢气,氧化剂则采用氧气,因此最早开发的燃料电池电动汽车多是直接采用氢燃料,氢气的储存可采用液化氢、压缩氢气或金属氢化物储氢等形式。

燃料电池的反应不经过热机过程,因此其能量转换效率不受卡诺循环的限制,能量转化效率高;它的排放主要是水,非常清洁,不产生任何有害物质。因此,燃料电池技术的研究和开发备受各国政府与大公司的重视,被认为是21世纪洁净、高效的发电技术之一。

5.1 燃料电池电动汽车概述

学习目标

1. 了解燃料电池电动汽车的产业发展状况。
2. 掌握纯电动汽车的技术特性。
3. 掌握纯电动汽车的运行模式。

一、燃料电池的发展历史

燃料电池在大规模产业化之前,已经有很长的发展历史。1839年,格罗夫(Willian Grove)发明了第一块燃料电池,即把封有铂电极的玻璃管浸在稀硫酸中,先由电解产生氢和氧,接着连接外部负载,这样氢和氧就发生电池反应,产生电流。格罗夫当时就预见到,如果氢气可以被煤、木材和其他易燃材料所替代,燃料电池就可以作为一种商业化的电源。1896年,W.W.Jacques描绘了直接用当时的主要燃料——煤作燃料的燃料电池(DCFD)。他的想法引起了公众的极大关注,但由于无法解决炭对电解质的污染,DCFD没有取得满意的效果,最终被放弃。

1902 年 J.H.Reid 和 1904 年 P.G.L.Noel 首先开始研究碱质型燃料电池（AFC），采用碱性 KOH 溶液作为电解质。但直到 20 世纪 30 年代末，F.T.Bacon（培根）的 AFC 研究工作才为燃料电池打出了名气，并在 20 世纪 60 年代早期第一个应用于太空计划，其改进后被作为阿波罗登月计划的宇宙飞船用电池。Bacon 电池使燃料电池由试验走向实用，具有里程碑意义。

二、燃料电池电动汽车的国外发展现状

国外的燃料电池技术发展比较早，20 世纪 60-70 年代，美国首先将燃料电池应用于航空航天领域，此后燃料电池逐渐向民用领域发展。

目前，世界各国政府及各大汽车厂商都纷纷进行燃料电池电动汽车的研发，其中有两个影响最大的开发项目：一个是由美国能源部组织的国家燃料电池电动汽车研究计划；另一个是以巴拉德动力系统公司的技术为依托，由戴姆勒—克莱斯勒公司、福特汽车公司等跨国公司投资合作的燃料电池电动汽车项目。

福特汽车公司在燃料电池汽车技术上的研发始于 1990 年，在 1998 年 1 月北美底特律国际汽车展上展出了 P2000 燃料电池概念车，使用了 DBB 公司生产的燃料电池堆，速度可达 144.8 km/h。2001 年通用汽车公司又开发了一辆以雪弗兰 S—10 皮卡为基型车的汽油重整（第三代）质子交换膜燃料电池车。

2004 年 10 月 12—13 日，必比登挑战赛在上海举行，图 5-1-1 所示为出现在上海国际赛车场的福特 FOCUS 燃料电池车。福特汽车公司在 2006 年洛杉矶国际车展上推出以氢燃料电池为动力的全新 Explorer，续驶里程可以达到 564 km，远远超过了以其他燃料电池为动力的车型。

图 5-1-1 福特 FOCUS 燃料电池车

戴姆勒—克莱斯勒公司在 FCEV 领域一直是世界领先的制造商。公司旗下的戴姆勒—奔驰公司从 20 世纪 90 年代初期开始研究燃料电池技术，1994 年戴姆勒—奔驰公司与 Ballard 合作推出了第一辆 FCEV，车型为 NECAR1 和 NECAR1，采用 MB190 厢式车体，装载 Ballard 生产的 50 kW 质子交换膜燃料电池，一次填充燃料续驶里程为 130 km，最高车速为 90 km/h。

克莱斯勒在 2010 年开展 FCEV 商业化进程。在北京"国际氢能论坛 2004"开幕之际，戴姆勒—克莱斯勒公司在北京天安门广场展出了以氢为燃料的燃料电池公共汽车，如图 5-1-2 所示。

图 5-1-2　以氢为燃料的燃料电池公共汽车

通用公司一直致力于 FCEV 的开发，1968 年推出的 Electrovan 是世界上第一辆 FCEV。1998 年推出了小型厢式车 Zafira，2000 年推出了 HydroGen1，到 2002 年已发展到 HydroGen3。该车型装载 94 kW 的 PEMFC，使用液氢为燃料，一次填充燃料可行驶 400 km，最高车速达 160 km/h。2002 年推出了全新的概念车型 HY—WIRE，该车采用线控驾驶技术，它的燃料电池、电动机和控制器全部集成在 279.4 mm 厚的板状底盘中，车身可以分离，根据驾驶员意愿可以变形成轿车、货车或 SUV。通用公司最新研发成果 Sequel 氢燃料电池车于 2005 年 4 月驶入上海国际车展，如图 5-1-3 所示。

图 5-1-3　通用 Sequel 氢燃料电池车

本田公司研究 FCEV 始于 1989 年，1999 年本田推出了两款 FCEV 车型——FCX-V1 和 FCX-V2，它们分别采用金属氢化物制氢和甲醇重整制氢技术。2000 年和 2001 年又分别推出了 FCX-V3 和 FCX-V4。2002 年本田推出了 FCX，如图 5-1-4 所示。该车型是世界上第一辆获得政府商业化使用许可的 FCEV。

图 5-1-4　本田 FCEV 氢燃料电池车

丰田公司研究 FCEV 始于 1992 年，1996 推出了第一款 FCEV 车型 RAV4 FCEV，该车采用金属氢化物储氢技术，一次填充燃料续驶里程 250 km，最高车速 100 km/h。1997 年推出了改进版的 RAV4 FCEV。

之后，丰田在其 SUV 车型 Highlander 的平台上推出了车型系列 FCHV，如图 5-1-5 所示。2001 年丰田推出了 FCH-V3、FCH-V4 和 FCH-V5 三款车型，它们分别采用了金属氢化物储氢、压缩氢气储氢及低硫汽油重整制氢技术。2002 年丰田推出了 FCH-V，是日本国内第一个获得燃料电池汽车销售许可的车型，并于 2002 年 12 月 2 日在日本东京和美国加州开展租赁销售。

图 5-1-5　丰田 FCHV 氢燃料电池车

三、我国研发的燃料电池电动汽车

随着"863 计划"电动汽车重大科技专项的正式启动，全国各地掀起了一股研制和开发燃料电池电动汽车的热潮。2002 年 5 月，上海燃料电池电动汽车动力系统公司与同济大学新能源汽车工程中心试制成功"春晖 1 号"燃料电池电动汽车。2004 年，武汉理工大学与东风公司合作研制成功 25 kW 燃料电池电动汽车——"楚天一号"。2004 年 6 月，上汽集团、同济大学联合开发了我国第二代燃料电池电动汽车——"超越 2 号"，随后又开发了"超越 3 号"和"超越 4 号"燃料电池电动汽车。

四、燃料电池的介绍

1. 氢能源与燃料电池

　　氢在地球上属于最丰富的元素之一，但是它不能以其自然形式存在，例如在大气中，氢是和氧共同作用形成水存在的。在很多化合物中也能找到氢，如天然气、甲醇和原油等。要把氢存储起来用作燃料，必须进行一系列工序把这些物质分离出来，如图 5-1-6 所示。

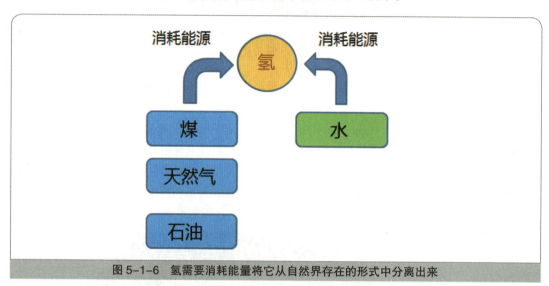

图 5-1-6　氢需要消耗能量将它从自然界存在的形式中分离出来

　　燃料电池就是氢动力蓄电池。氢是一种优质燃料，与等量的化石燃料相比，它的比能非常高，1 kg 氢的能量是 1 kg 汽油能量的 3 倍。

　　燃料电池是一种把氢氧化学能转化成电能的电化学装置。典型燃料电池外观如图 5-1-7 所示。在燃料电池内发生的化学反应与水的电解过程刚好相反，电解是通过施加电流将水分解成其组成成分氢和氧的过程，在电解时需要消耗能量。

图 5-1-7　典型燃料电池外观

5.1 燃料电池电动汽车概述

1）燃料电池的优点

燃料电池产生电能，并且由于氢和氧提供电能给燃料电池，因此燃料电池本身不会产生任何碳排放，排放的只有水和热量。

燃料电池的能量也比一般内燃机更高，由内燃机提供动力的车辆效率只有15%~20%，而燃料电池车的效率能达到40%以上。

此外，利用燃料电池作为汽车能源，其运动部件非常少，稳定性更强。

2）燃料电池应用于汽车存在的问题

虽然目前很多汽车制造商开始设计和研发燃料电池电动汽车，并致力于提高燃料电池系统的设计，但是没有一款由燃料电池提供动力的汽车能够大规模生产。原因包括成本高，缺少加燃料的基础设施，安全保障、汽车续驶里程不足，以及不能够经久耐用和冷起动问题，这些都影响和制约了燃料电池电动汽车的发展。

3）燃料电池的类型

燃料电池的类型很多，主要区别在于所用的电解质种类不同。有些电解质常温下运行效果很好，而有些需要在温度高达900 ℃的情况下才能正常工作。表5-1-1所示为目前比较常见的燃料电池类型。

表5-1-1 目前比较常见的燃料电池类型

项目	PAFC（磷酸燃料电池）	PEM（质子交换膜燃料电池）	MCFC（熔融碳酸盐燃料电池）	SOFC（固态氧化物燃料电池）
电解质	磷酸	磺酸聚合物	锂、钾碳酸盐	稳态钇氧化锆
燃料	天然气、氢	天然气、氢	天然气、合成气	天然气、合成气
工作温度	182~210 ℃	80~100 ℃	593~704 ℃	649~1 815 ℃
电效率	40%	30%~40%	43%~44%	50%~60%
制造商	ONSI公司	艾维斯塔、PP公司等	IHI、日立、西门子	霍尼韦尔公司
应用	固定电源	汽车、移动电源	工业及公共电源	固定电源

最适合汽车使用的燃料电池是PEM，也称为质子交换膜燃料电池。PEM必须用氢作为能源，可以是直接存储在车辆上的氢，或者是由另一种燃料生成的氢。

2. 质子交换膜燃料电池

质子交换膜燃料电池发电过程不涉及氢氧燃烧，能量转换率高，发电时不产生污染，发电单元模块化，可靠性高，组装和维修都很方便，工作时也没有噪声。所以，质子交换膜燃料电池是一种清洁、高效的绿色环保电源。在燃料电池内部，质子交换膜为质子的迁移和输送提供通道，使得质子经过膜从阳极到达阴极，与外电路的电子转移构成回路，向外界提供电流。因此，质子交换膜的性能对燃料电池的性能起着非常重要的作用，其性能的好坏直接影响电池的使用寿命。

1）工作原理

在原理上，PEM 相当于电解水的"逆"装置。其单电池由阳极、阴极和含催化剂涂层的质子交换膜构成，阳极为氢燃料发生氧化的场所，阴极为氧化剂还原的场所，两极都含有加速电极电化学反应的催化剂，质子交换膜作为电解质。工作时，相当于一个直流电源，阳极即电源负极，阴极为电源正极，其工作原理如图 5-1-8 所示。

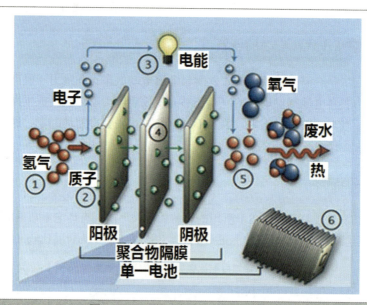

图 5-1-8　PEM 电池工作原理示意图

氢气直接被输送到负极，氧气直接被输送到正极。氢以分子的形式被输送至负极，在有催化剂的情况下氢气被分解成 H^+（质子）。通过外电路输送氢原子的电子（e^-）产生用于进行工作的电。然后，这些相同的电子被送到正极，通过膜返回的 H^+ 在有催化剂的情况下，在正极与 O^{2-} 发生化学反应生成水和热量。

2）燃料电池堆

单个燃料电池本身没有多少用途，因为它产生的电动势小于 1 V。运用在汽车上的燃料电池通常是把数百个燃料电池组合在一起做成一个燃料电池堆，如图 5-1-9 所示。在这种布置中，燃料电池串联在一起，这样的电池堆的总电压是每个单电池电压的总和。电池堆中的燃料电池首尾连接，汽车中的燃料电池堆含有400 多个电池。

燃料电池堆的总电压由组成该电池堆的电池数量决定，而电池堆的产电能力由电极的表面积决定。由于燃料电池堆的输出功率与电压和电流都有关系，因此增加电池数量或者增大

图 5-1-9　汽车用燃料电池堆由数百个单电池串联而成

电池的表面积都能提高输出功率。根据车辆所需要的输出功率及空间限制，有些燃料电池车使用多个电池堆。

3）甲醇燃料电池

由于采用氢作为燃料电池燃料时，存储氢需要使用高压气缸的成本和安全性均不是很理想，因此一种改进的 PEM 的方法是用液态甲醇替代氢气，如图 5-1-10 所示。

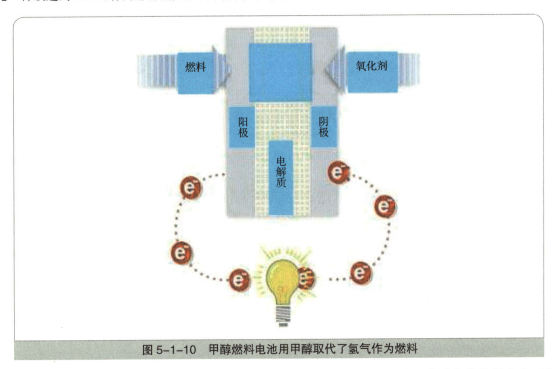

图 5-1-10　甲醇燃料电池用甲醇取代了氢气作为燃料

制造甲醇最常用的方法是用天然气合成，甲醇的化学式是 CH_3OH。它比气态氢的能量密度更高，因为常温下它以液态形式存在，无须使用压缩机或其他高压设备。使用液态取代高压气体给燃料汽车加燃料，这样的过程将更加简单，类似于添加汽油的车辆添加汽油，如图 5-1-11 所示。

图 5-1-11　甲醇燃料电池的加注方式与汽油车相似

然而，甲醇本身有腐蚀性，这使得甲醇不能存储在现有的燃油箱中，需要建立一个单独处理和存储甲醇的基础设施。此外，在甲醇燃料电池中，甲醇穿过膜装置会降低电池的工作性能。甲醇燃料电池的结构中也需要大量的催化剂，这就导致其成本升高。

五、燃料电池电动汽车的类型

燃料电池电动汽车定义：燃料电池电动汽车是利用氢气和空气中的氧在催化剂的作用下，在燃料电池中经电化学反应产生电能，并作为主要动力源驱动的汽车。

1. 燃料电池单独驱动燃料电池电动汽车

该结构只有燃料电池一个动力源，汽车的所有功率负荷都由燃料电池承担，如图 5-1-12 所示。

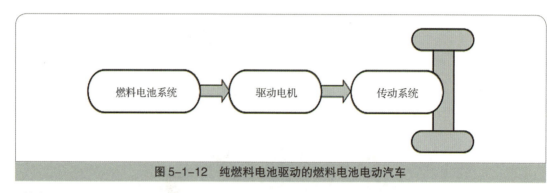

图 5-1-12　纯燃料电池驱动的燃料电池电动汽车

优点：
（1）结构简单，便于实现系统控制和整体布置。
（2）系统部件少，有利于整车的轻量化。
（3）较少的部件使得整体的能量传递效率高。

缺点：
（1）燃料电池功率大、成本高。
（2）对燃料电池系统的动态性能和可靠性提出了很高的要求。
（3）不能进行制动能量回收。

2. 燃料电池与辅助蓄电池联合驱动燃料电池电动汽车

燃料电池与辅助蓄电池联合驱动的燃料电池电动汽车为一典型的串联式混合动力结构，如图 5-1-13 所示。在该动力系统结构中，燃料电池和辅助蓄电池一起为驱动电机提供能量，驱动电机将电能转化成机械能传给传动系统，从而驱动汽车前进；在汽车制动时，驱动电机变成发电机，辅助蓄电池将储存回馈的能量。

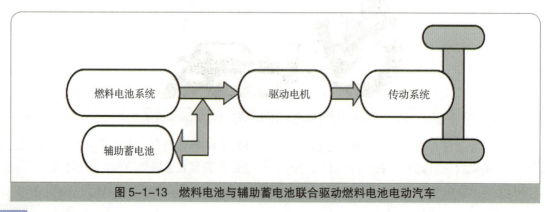

图 5-1-13　燃料电池与辅助蓄电池联合驱动燃料电池电动汽车

优点：

（1）由于增加了比功率价格相对低廉的蓄电池包，系统对燃料电池的功率要求较纯燃料电池结构形式有很大的降低，从而大大降低了整车成本。

（2）燃料电池可以在比较好的设定的工作条件下工作，工作时燃料电池的效率较高。

（3）制动能量回馈可以回收汽车制动时的部分动能，该措施可能会增加整车的能量效率。

缺点：

（1）蓄电池的使用使得整车的质量增加，动力性和经济性受到影响，这一点在能量复合型混合动力汽车上表现得更为明显。

（2）蓄电池充放电过程会有能量损耗。

（3）系统变得复杂，系统控制和整体布置难度增加。

3. 燃料电池与超级电容器联合驱动燃料电池电动汽车

这种结构形式与燃料电池和辅助蓄电池联合驱动燃料电池电动汽车的结构相似，只是把蓄电池换成超级电容器，如图 5-1-14 所示。超级电容器充放电效率高，能量损失小，功率密度大，在回收制动能量方面比蓄电池有优势，循环寿命长，但是超级电容器的能量密度较小。

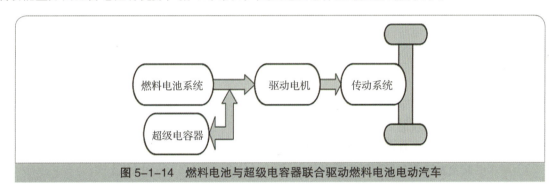

图 5-1-14　燃料电池与超级电容器联合驱动燃料电池电动汽车

4. 燃料电池与辅助蓄电池和超级电容器联合驱动的燃料电池电动汽车

这种结构（见图 5-1-15）的优点相比于燃料电池和辅助蓄电池联合驱动燃料电池电动汽车的结构形式的优点更加明显，尤其是在部件效率、动态特性、制动能量回馈等方面。而其缺点也一样更加明显：

（1）增加了超级电容器，系统质量将可能增加。

（2）系统更加复杂化，系统控制和整体布置的难度也随之增大。

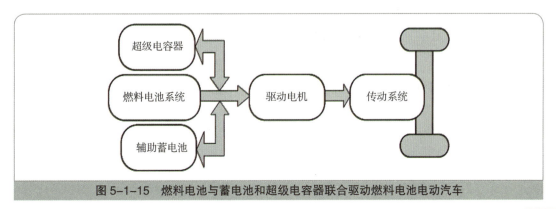

图 5-1-15　燃料电池与蓄电池和超级电容器联合驱动燃料电池电动汽车

六、燃料电池电动汽车的关键技术

1. 燃料电池技术

燃料电池技术是燃料电池电动汽车发展的最关键技术之一。燃料电池技术发展趋势可用耐久性、低温起动温度、净输出比功率以及制造成本四个要素来评判。

2. 储氢技术

储氢技术是氢能利用走向规模化应用的关键。

3. 车载蓄电系统

车载蓄电系统包括铅酸电池、镍氢电池、锂离子电池等蓄电池及电化学超级电容器。

4. 电机及其控制技术

驱动电机是燃料电池电动汽车的心脏，它正向着大功率、高转速、高效率和小型化方向发展。

5. 整车布置

燃料电池电动汽车在整车布置上存在以下关键问题：
（1）燃料电池发动机及电动机的相关布置问题。
（2）动力蓄电池包的车身布置、氢气瓶的安全布置问题。
（3）高压电安全系统的车身布置问题。

6. 能源动力系统的能量管理策略

能量管理策略对燃料经济性影响很大，且受到动力系统参数和行驶工况的双重影响。按照是否考虑这些变量的历史状态，可以把功率分配策略分为瞬时与非瞬时策略两大类。

七、燃料电池电动汽车的优势及其问题

1. 燃料电池电动汽车的独特优势

（1）清洁无污染。
（2）燃料补充方便、快捷，续驶里程远超普通纯电动汽车。
（3）效能高。
（4）动力性能优异。

2. 燃料电池电动汽车存在的问题

一是性能与成本的问题；二是燃料供应与基础设施问题。我国燃料电池电动汽车产业相对于其他新能源汽车，与发达国家的差距相对较小，但是技术、市场、组织等维度都存在一定的滞后性，目前仍停留在"实验室"技术，因此，要赶超先进，必须加大政策扶持力度，制定燃料电池汽车产业政策体系。

实训项目　燃料电池电动汽车技术参数识别

（一）工作准备

（1）实习指导教师着装：正常着装。
（2）车辆、台架、总成：燃料电池工作示教板，或燃料电池工作模型。
（3）专用工具、设备：无。
（4）手工工具：无。
（5）辅助材料：无。

（二）实施步骤

（1）利用互联网络，在搜索引擎中查找燃料电池纯电动汽车有哪几大品牌，要求记录每一品牌的代表性车型，并记录主要技术参数（5个品牌以上）。
（2）分小组，并进行小组分工，明确工作任务。

新能源电动汽车品牌1：_____；主要代表车型：_____。
车辆主要技术参数：
①车辆外形尺寸：_____。
②车辆自重：_____；续驶里程：_____。
③燃料电池类型：_____；燃料电池工作温度：_____。
④驱动电机额定功率：_____；驱动电机最大功率：_____。
⑤所加燃料类型：_____；燃料加注量：_____。

新能源电动汽车品牌2：_____；主要代表车型：_____。
车辆主要技术参数：
①车辆外形尺寸：_____。
②车辆自重：_____；续驶里程：_____。
③燃料电池类型：_____；燃料电池工作温度：_____。
④驱动电机额定功率：_____；驱动电机最大功率：_____。
⑤所加燃料类型：_____；燃料加注量：_____。

新能源电动汽车品牌3：_____；主要代表车型：_____。
车辆主要技术参数：
①车辆外形尺寸：_____。
②车辆自重：_____；续驶里程：_____。
③燃料电池类型：_____；燃料电池工作温度：_____。
④驱动电机额定功率：_____；驱动电机最大功率：_____。

⑤所加燃料类型＿＿＿＿＿＿；燃料加注量：＿＿＿＿＿＿。
新能源电动汽车品牌 4：＿＿＿＿＿＿；主要代表车型：＿＿＿＿＿＿。
车辆主要技术参数：
①车辆外形尺寸：＿＿＿＿＿＿＿＿＿＿＿＿＿＿＿＿＿＿＿＿＿＿＿＿。
②车辆自重：＿＿＿＿＿＿；续驶里程：＿＿＿＿＿＿。
③燃料电池类型：＿＿＿＿＿＿；燃料电池工作温度：＿＿＿＿＿＿。
④驱动电机额定功率：＿＿＿＿＿＿；驱动电机最大功率：＿＿＿＿＿＿。
⑤所加燃料类型＿＿＿＿＿＿；燃料加注量：＿＿＿＿＿＿。
新能源电动汽车品牌 5：＿＿＿＿＿＿；主要代表车型：＿＿＿＿＿＿。
车辆主要技术参数：
①车辆外形尺寸：＿＿＿＿＿＿＿＿＿＿＿＿＿＿＿＿＿＿＿＿＿＿＿＿。
②车辆自重：＿＿＿＿＿＿；续驶里程：＿＿＿＿＿＿。
③燃料电池类型：＿＿＿＿＿＿；燃料电池工作温度：＿＿＿＿＿＿。
④驱动电机额定功率：＿＿＿＿＿＿；驱动电机最大功率：＿＿＿＿＿＿。
⑤所加燃料类型＿＿＿＿＿＿；燃料加注量：＿＿＿＿＿＿。

（3）小组团队协作，在网络上搜索新能源汽车与燃油汽车相关资料。根据查询获取的信息，撰写《新能源汽车与燃油汽车区别报告》。

（三）评价与反馈

考核项目	评分标准	分数	学生自评	小组互评	教师评价	小计
团队合作	是否和谐	5				
活动参与	是否积极主动	5				
安全操作	有无安全隐患	10				
现场 6S	是否做到	10				
任务方案	是否正确、合理	15				
操作过程	网上搜索信息、分析结果	30				
课题完成情况	是否圆满完成	5				
工具和设备使用	是否规范、标准	10				
劳动纪律	是否严格遵守	5				
工单填写	是否完整、规范	5				
总分		100				
教师签名					得分	

一、填空题

1. 燃料电池就是_____电池，是一种把氢氧化学能转化成_____的电化学装置。
2. 最适合汽车使用的燃料电池是PEM，也称为_____电池。
3. 制造甲醇最常用的方法是用_____合成甲醇，常温下它以_____存在。
4. 电容器是一种能阻止_____、允许交流电通过的电气设备。电容器也能利用正负电荷之间的静电吸引_____。
5. 燃料电池电动汽车的_____由电源控制单元（PCU）控制。

二、判断题

1. 燃料电池本身不会产生任何碳排放，排放的只有水和热量。（   ）
2. 燃料电池在工作中，氢气直接被输送到正极，氧气直接被输送到负极。（   ）
3. 燃料电池产生的热转移很快，无须使用散热器。（   ）
4. 大多数燃料电池电动汽车设计中用镍氢电池作为二次电池。（   ）
5. 除氢燃料外，燃料电池电动汽车的高效、节能还体现在电传动技术上。（   ）

三、选择题

1. 燃料电池通过（   ）产生电。
   A. 汽油和氧气   B. 氮气和氧气   C. 氢和氧   D. 水和氧
2. 燃料电池的排放物是（   ）。
   A. 水   B. 二氧化碳   C. 一氧化碳   D. 非甲烷烃
3. 最常用于给汽车供电的燃料电池类型是（   ）。
   A. PAFC   B. PEM   C. MCFC   D. SOFC
4. 可以使用哪种液态燃料直接给燃料电池供电？（   ）
   A. 甲醇   B. 乙醇   C. 生物柴油   D. 汽油
5. 以下哪个部件不属于燃料电池电动汽车？（   ）
   A. 驱动电机   B. 内燃机   C. 逆变器   D. PEM

四、简答题

1. 燃料电池的定义是什么？它具有什么特点？
2. 燃料电池可分为哪几类？各自的特点是什么？
3. 按照"多电源"的配置不同，试画出燃料电池电动汽车的几种典型的结构图。
4. 目前燃料电池电动汽车未能及时推广的原因有哪些？
5. 第一个燃料电池是由谁发明的？其基本结构是什么？

5.2 燃料电池电动汽车的结构原理

学习目标

1. 了解燃料电池电动汽车及其工作原理。
2. 掌握燃料电池电动汽车的类型及结构。

一、燃料电池电动汽车基本结构

燃料电池电动汽车是指以氢气或甲醇等为燃料，通过化学反应产生电流，依靠电机驱动的汽车，其基本驱动原理如图 5-2-1 所示。燃料电池电动汽车是无污染汽车，燃料电池的能量转换效率比内燃机要高 2~3 倍，从能源的利用和环境保护方面而论，燃料电池电动汽车是一种理想的车辆。

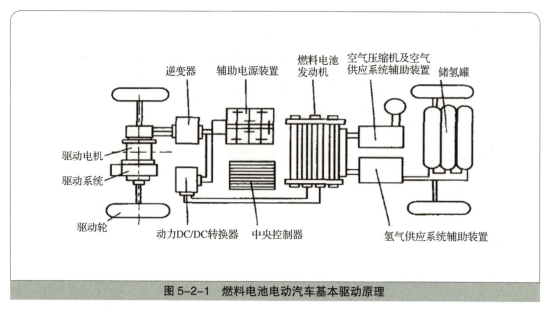

图 5-2-1　燃料电池电动汽车基本驱动原理

燃料电池电动汽车的主要结构是上述的燃料电池堆及相应的附属装置，图 5-2-2 所示为奔驰 X 燃料电池电动汽车的动力传动示意图，其各个部件的功能描述如下：

5.2 燃料电池电动汽车的结构原理

图 5-2-2 奔驰 X 燃料电池电动汽车的动力传动示意图

1. 增湿器

增湿器位于燃料电池系统盒内，在通往电池堆阴极的空气管道里面。

PEM 的水管理系统非常重要，水太多会妨碍氧气与正极接触，水太少会让电解质变干，降低其电导性。燃料电池内水的多少及其位置对确定燃料电池的起动温度也很重要，因为水在燃料电池内会结冰阻碍电池的起动。增湿器的作用是平衡，通过让正在阴极蒸发的水分循环给燃料电池提供充足的水分。

2. 燃料电池冷却系统

正常工作过程中燃料电池会产生热量，余热会导致聚合物电解质膜损坏，所以必须用液体冷却系统把余热从燃料电池堆中带走。燃料电池产生的热属于低品位热能，在冷却液与周围空气之间的温度差别很小，这种情况下热转移会很慢，必须用表面积非常大的散热器。

3. 空气泵

在所有行驶条件下，必须以适当压力和流速给燃料电池堆送风使电池堆正常工作。车载空气泵把大气压缩后输送给燃料电池的正极就能达到此功效。

4. 二次电池

混合动力汽车设计能提高带传统传动机构汽车的效率，因为制动及其他正常运行过程中损失的能量存储起来以后可以供高压电池或超级电容器使用。在燃料电池汽车中设计二次电池，可以提高汽车的驾驶性能。因为电存储设备能够立即提供能量给驱动电机，并且克服了燃料电池部分的加速滞后情况。

1）高压电池

大多数燃料汽车设计中用镍氢电池作为二次电池，通常安装在汽车后部。二次电池的构造与燃料电池堆相似，由很多单个电池串、并联构成一个高压电池包，如图 5-2-3 所示。

项目五 燃料电池电动汽车的认知

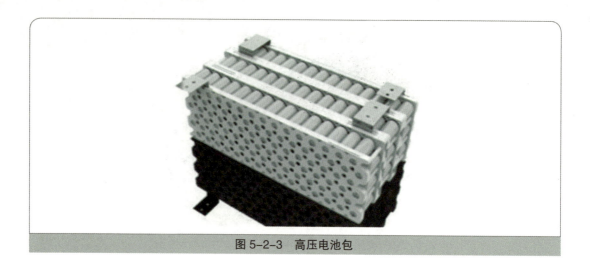

图 5-2-3　高压电池包

2）超级电容器

电池中存储电能的另一种形式是超级电容器。电容器是一种能阻止直流电、允许交流电通过的电气设备。然而，电容器也能利用正负电荷之间的静电吸引存储电能。

超级电容器与传统电容器的构造大不相同。超级电容器是建立在双电层理论基础上的一种全新电容器，其中两个活性炭电极浸在有机电解液里。电极的表面积非常大，被膜隔开，允许离子移动但是能阻止两个电极接触，如图 5-2-4 所示。由于离子在电解液内移动，因此发生充电和放电情况，但是并没有发生化学反应。超级电容器能够快速、高效地充放电，这个特点使得超级电容器很适合用在燃料电池汽车上作为辅助二次电池用。

图 5-2-4　超级电容器模块及单个电池的结构

用于燃料电池电动汽车的超级电容器由多个并联在一起的圆柱形电池组成，这样的效果是总电容等于各个单电池电容的总和。例如，10 个并联在一起的 1.0 F 的电容器的总电容是 10.0 F。电容越大，表示存储电能力越强，从而给燃料电池电动汽车内的电动机辅助力越大。

5. 燃料电池驱动电机

用于燃料电池汽车的驱动电机与目前混合动力汽车内的驱动电机非常相似，普通驱动电机以交流同步设计为基础，有时也用直流无刷电机。交流电机不使用换向器或者电刷，取而代之的是三相定子和永磁转子，如图 5-2-5 所示。用逆变器产生电机需要的三相高压交流电。

5.2 燃料电池电动汽车的结构原理

图 5-2-5　驱动电机结构

6. 驱动桥

除氢燃料外,燃料电池汽车的高效纯节能还体现在电传动技术上。燃料电池电动汽车使用的驱动电机,只要简单地减小它们的最终传动,然后用一个差速器把动力输送到主动轮,无须换挡,完全取消了如液力变矩器、离合器等机构;也不用倒车挡,只需要反向供电给驱动电机即可实现。驱动桥总成如图 5-2-6 所示。

用于燃料电池电动汽车的驱动桥非常简单,几乎没有运动件,这使它极其耐用、安静及稳定。

图 5-2-6　驱动桥总成

7. 电源控制单元

燃料电池电动汽车的传动机构由电源控制单元控制,它控制燃料电池的输出功率,并让电在各种不同部件之间流动。充当逆变器就是电源控制单元的作用之一,它把燃料电池堆输出的直流电转变成三相交流电,供汽车的驱动电机使用,如图 5-2-7 所示。

再生制动过程中,驱动电机充当发电机,将汽车的动能转变成高压电池包充电的电能。电源控制单元必须将电机的三相交流电压转变成直流电压输送给电池,燃料电池输出的直流电也通过电源控制单元的控制给高压电池包充电。

141

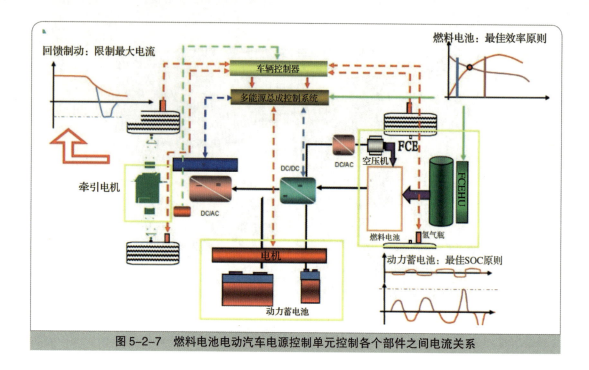

图 5-2-7　燃料电池电动汽车电源控制单元控制各个部件之间电流关系

二、燃料电池电动汽车基本工作原理

1. 电混合燃料电池电动汽车动力总成方案

现阶段，车载燃料电池发动机的冷车起动、动态响应慢和回馈制动能储存三方面问题，决定了燃料电池电动汽车动力总成配置中必须有一个车载辅助储能部件。现有燃料电池概念车中通常采用超级电容器或动力蓄电池组完成上述辅助储能功能。根据不同的技术特征，储能元件有高能量型和高功率型之分。一般来说，动力蓄电池有高功率型和高能量型的区别，而超级电容器基本均作为高功率型储能部件使用。图 5-2-8 所示为电混合燃料电池电动汽车动力总成方案。

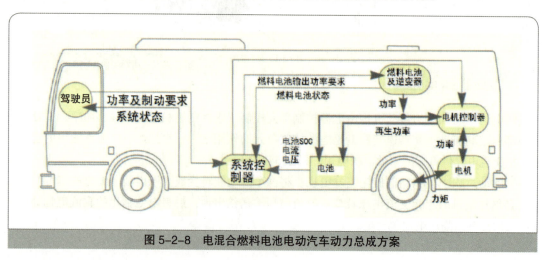

图 5-2-8　电混合燃料电池电动汽车动力总成方案

5.2 燃料电池电动汽车的结构原理

2. 燃料电池电动汽车能量管理与动力控制策略

动力总成控制的基本原理就是根据驾驶员的指令输入，协调动力总成各主要部件共同工作，调节各环节能量转换的速率大小与方向，在兼顾经济性指标的前提下，实现驾驶员期望的动力性能。该控制功能的可靠实现主要依赖以下几方面具体控制策略的实施：

1）燃料电池发动机的负载均衡策略

电混合的燃料电池电动汽车具有多种电能供应装置，汽车的瞬时负载如何合理地分配到不同的能源装置上，就是通常所说的负载均衡策略。实用的负载均衡策略是在考虑动力总成部件特性、能源经济性等诸多影响因素的基础上提出的。

图 5-2-9 给出的电混合的燃料电池电动汽车动力总成结构中，因为 DC/DC 转换器采用恒流控制，所以动力蓄电池包瞬时功率完全取决于电机逆变器所需直流功率和 DC/DC 转换器的输出功率之差。因为电机逆变器的输出基本趋势是跟随驾驶员的操纵指令变化的，所以该动力系统中负载均衡主要是通过调节 DC/DC 转换器的输出功率实现的。

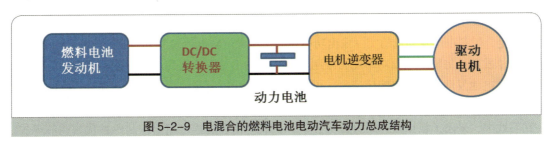

图 5-2-9　电混合的燃料电池电动汽车动力总成结构

在负载均衡策略中，电机负载大小是计算 DC/DC 转换器输出功率的主要依据，目前常用的算法主要有惯性滤波和加权滑动平均算法两种。前者是通过调节燃料电池发动机的输出功率满足车辆行驶阻力中的慢变分量需求，而后者是通过调节发动机的输出功率来平衡车辆行驶过程中的平均阻力，以达到期望的经济性。

在样车动力总成控制器采用的加权滑动平均算法中，将逆变器的输出功率在过去给定时间内的加权滑动平均值，作为 DC/DC 转换器的电流设定依据。在加权滑动平均计算中，最近的数据权值相对大一些，随着数据变旧，其权值变小。

2）电池充电态的闭环控制

电混合的燃料电池电动汽车中的辅助供电部件（动力蓄电池包或者超级电容器），其作用基本可以归纳为以下两种：提供附加瞬时功率（Auxiliary Power Unit，APU）、增加续驶里程（Range Extender，RE）。而辅助供电部件的充电状态（State of Charge，SOC）的闭环控制目标对于 APU 和 RE 有很大的不同。一般来讲，对于 APU 部件主要是保证其始终保持在最佳的充电态，这样才能保证随时可以提供所需的附加瞬态功率输出或吸收尽可能多的回馈制动能量；而作为 RE 使用的辅助供电部件充电态的控制往往更多考虑效率尽可能高，避免能量的不必要转换，因此对 RE 的充电态干预不如 APU 强烈。

动力总成控制算法的任务之一就是根据既定的 SOC 控制目标，保证期望的 SOC 值。但 SOC 的调节必须通过电池实际电流大小来实现，因此实践中采用了图 5-2-10 中给出的 SOC 和电流的闭环控制结构。

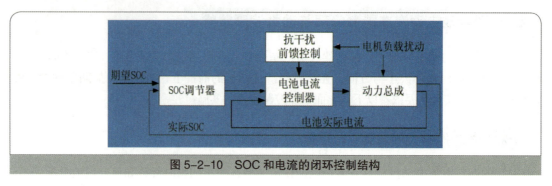

图 5-2-10　SOC 和电流的闭环控制结构

前面提到了，动力蓄电池包和电机逆变器之间电压耦合的结果使得电池实际电流跟随电机负载变化，因此对于电池电流闭环控制来讲，电机负载是作为扰动引入到被控制对象（动力总成）上的。在样车实践中增加了电机负载扰动（逆变器电流输入）检测，并通过抗干扰前馈控制环节补偿电池电流控制器的精度和调节速度。

3）燃料电池发动机功率的预测调节

燃料电池发动机负载均衡策略给出了燃料电池发动机和 DC/DC 转换器系统当前输出功率的设定大小。但是，燃料电池发动机的实际输出功率还必须考虑燃料电池发动机当前允许输出功率的限制，即燃料电池发动机的瞬时输出功率能力限制了其实际输出功率。因此，在保证经济性的前提下，为了提高燃料电池发动机的输出响应速度，可以在动力总成控制算法中通过预测调节，根据负载变化趋势提前调节发动机功率设定，从而提高燃料电池发动机的负载跟随能力。

在实践中，采用了根据加速踏板微分补偿和负载均衡算法输出超前控制两种预测调节环节。前者主要是从驾驶员的加速动作来判断其加速意图，在驱动电机负载电流变化之前就对燃料电池发动机的工作状态进行干预，从而改进整车的动力性；后者给出的燃料电池发动机功率预期值体现了既定的负载均衡策略，但正如前面讨论过的，该预期值要受到燃料电池发动机当前允许输出功率的限制，不能得到完全执行。但是，通过这里的"负载均衡算法输出超前控制"，可以对发动机当前允许输出功率进行干涉和预测调节，达到有效提高动力性能的目的。

4）回馈制动控制方法

具有能量储存部件的电动汽车具有一个燃油汽车不具有的"回馈制动"特性，就是可以通过电机的电能回馈功能在制动过程中将汽车的动能转化为电能储存到能量储存部件中，以实现制动能的回收，达到节能的目的。

回馈制动的强度可以通过控制电机加以控制。现有的电动汽车回馈制动的操作控制有两种主要方式，一种是通过加速踏板控制，另一种是通过制动踏板控制。前者主要是考虑到目前汽车的制动系统仍然以机械方式为主，而回馈制动和机械制动机构的协同工作需要对制动踏板进行较大的改动，因此，目前电机驱动的电动汽车大多采用一个电子加速踏板同时控制电机的加速和回馈制动；后者主要应用在一些安装了电助力制动装置的汽车上，但其控制和实现都比较复杂，可靠性也是必须考虑的问题，因此尚未得到推广。

在通过加速踏板控制回馈制动强度的应用中，一般选用加速踏板开始的一段区间作为回馈制动控制行程，依此控制回馈制动强度。该控制方法可操作性好，简单实用，但缺点是加速过程中踏板必须首先通过回馈制动行程，不符合传统内燃机汽车的驾驶习惯，驾驶员的主观感觉不好。

在样车实践中,仅通过加速踏板控制回馈制动强度的方法,与传统控制方法不同的是,该控制方法不设回馈制动行程,而是通过检测驾驶员放开加速踏板的速度,通过滑动加权平均来控制回馈制动强度,再结合当前车速、辅助储能部件的当前充电态等状态信息控制电机回馈制动强度。该控制方法的优点是能够体现驾驶员的制动意图,模拟了传统内燃机汽车"发动机倒拖"的状态;缺点是不能精确控制回馈制动强度,但这可以通过认真地标定匹配工作加以弥补。

5)动力总成控制算法的实现及验证

结合某型燃料电池电动汽车的研制开发,参照前面讨论的燃料电池电动汽车动力总成控制原理,就完成了动力总成控制器的实现。其基本结构原理如图5-2-11所示,驾驶员的指令输入和动力总成状态观测器的输出共同传给"动力总成状态调控模块"(Powertrain State Controller,PTSC),由"能量均衡控制模块"(Energy Balancing Controller,EBC)根据PTSC的输出调节动力总成状态,实现既定的控制策略。

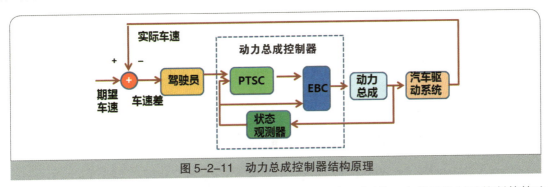

图5-2-11 动力总成控制器结构原理

前面讨论到的燃料电池发动机负载均衡策略、充电态的闭环调节、电机回馈制动控制等算法均集中到PTSC中实现,而电池电流闭环控制、电机负载扰动前馈控制、燃料电池发动机功率的预测调节等策略则主要由EBC完成。

上述控制功能只是动力总成控制器功能的一部分,其他一些必要的诊断、检测和状态维护等功能是动力总成控制器的基本功能,比如PTSC的主要功能之一就是维护并实现如图5-2-12所示的动力总成驱动模式状态转移图。

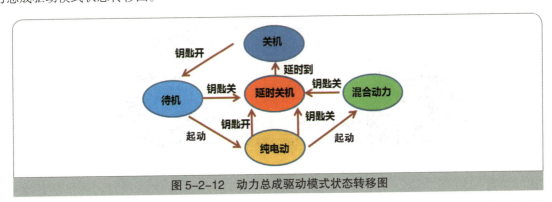

图5-2-12 动力总成驱动模式状态转移图

图5-2-13给出了上述控制策略在某型燃料电池电动汽车实车转鼓测试中,载荷交替变化时负载均衡算法控制结果。其中,DC/DC转换器的电流输出即代表了燃料电池发动机的实际输出功率,电机电流为车辆实际负载,而电池电流实际值体现了辅助能源的充、放电状态。

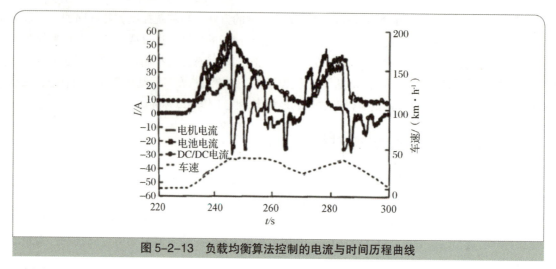

图 5-2-13　负载均衡算法控制的电流与时间历程曲线

由图 5-2-13 可以看出，试验结果基本实现了既定的动力总成控制策略。在试验中，电机电流输出始终跟随驾驶员的指令，如图 5-2-10 所示的描述，该电机电流实际值以扰动量的形式引入到动力总成中。在负载均衡算法控制下，燃料电池发动机和动力蓄电池作为 APU 使用时，分担电机负载电流中不同频率分量，在保证整车动力性的前提下兼顾整车的经济指标，并保持动力总成始终处于最佳工作状态。

三、典型燃料电池电动汽车的基本结构与工作原理

丰田 MIRAI 量产车型的车身设计与之前的 FCV 概念车/验证车几乎完全相同，如图 5-2-14 所示，注重空气动力学的要求使得 MIRAI 的造型和燃油汽车并不相同：较小的风挡倾角、流线型的后风挡以及短小高耸的车尾。同时为了进一步减小空气阻力，MIRAI 在车身侧面还加入了几条连续的曲线。MIRAI 在前脸设计上延续了丰田现有车型"X"线条的前脸，在前保险杠两侧有着巨大的梯形状进气格栅，格栅的两侧则是竖立的巨大 LED 日间行车灯/转向灯，再加上细小的 LED 光源前灯组，MIRAI 的前脸可谓令人印象深刻。而 MIRAI 的车尾同样颇具想象力，长条形外加两侧三角形尾灯的设计标志性十足。

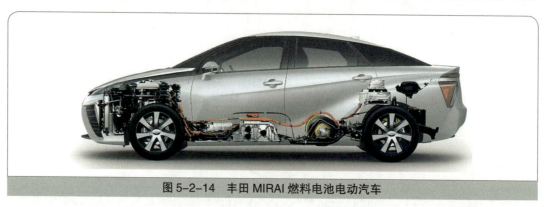

图 5-2-14　丰田 MIRAI 燃料电池电动汽车

虽然燃料电池名字里面有"燃料"字样，同时氢气也能够跟氧气在一起剧烈燃烧，但燃料电池却不是利用燃烧来获取能量，而是利用氢气跟氧气化学反应过程中的电荷转移来形成电流的，这一过程关键的技术就是利用特殊的"电解质薄膜"将氢气拆分，整个过程可以理解成蚊子无法穿过纱窗，但是更小的灰尘却可以……电解质薄膜也是燃料电池领域最难被攻克的技术壁垒。

5.2 燃料电池电动汽车的结构原理

1. 丰田 MIRAI 燃料电池堆栈结构图及主要参数

丰田 MIRAI 燃料电池堆栈结构图及主要参数如图 5-2-15 所示。

图 5-2-15　丰田 MIRAI 燃料电池堆栈结构及主要参数

2. 丰田 MIRAI 燃料电池堆栈技术特征

因为氢分子体积小，可以透过薄膜的微小孔洞游离到对面去，但是在穿越孔洞的过程中，电子被从分子上剥离，只留下带正电的氢质子通过，氢质子被吸引到薄膜另一侧的电极与氧分子结合。电解质薄膜两侧的电极板将氢气拆分成氢离子（正电）和电子，将氧气拆分成氧离子（负电）和电子，电子在电极板之间形成电流，两个氢离子和一个氧离子结合成为纯水，是反应的废物。所以本质来讲，整个运行过程就是发电过程。因此 MIRAI 是纯电动汽车，燃料电池堆栈代替的就是厚重且充电效率低下的锂离子电池组，如图 5-2-16 和图 5-2-17 所示。

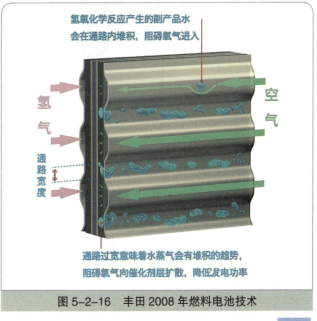

图 5-2-16　丰田 2008 年燃料电池技术

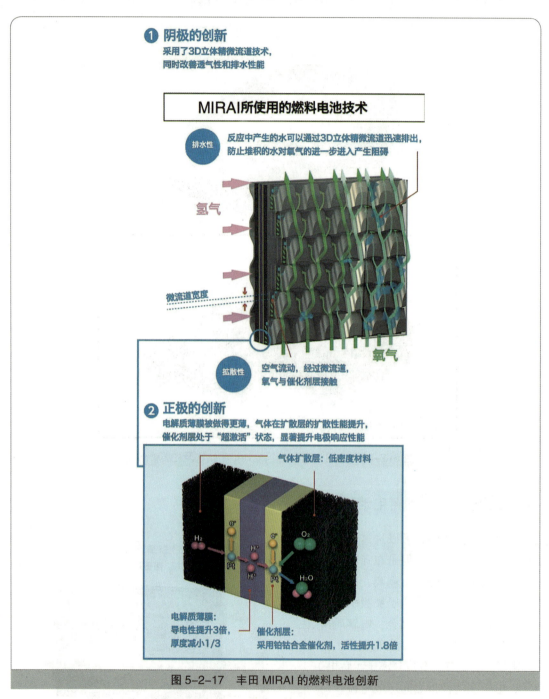

图 5-2-17 丰田 MIRAI 的燃料电池创新

丰田 MIRAI 搭载的燃料电池堆栈是由 370 片薄片燃料电池组成的,因此被称为"堆栈",一共可以输出 114 kW 的发电功率。丰田的燃料电池堆栈经历了十几年的技术优化,形成了自己的特色结构,比如 3D 立体微流道技术,通过更好地排出副产物水,让更多空气流入,有效改善了发电效率。所以整个堆栈的发电效率达到了世界先进水平,达到了 3.1 kW/L,比 2008 年丰田的技术整整提升了 2.2 倍,如图 5-2-18 和图 5-2-19 所示。

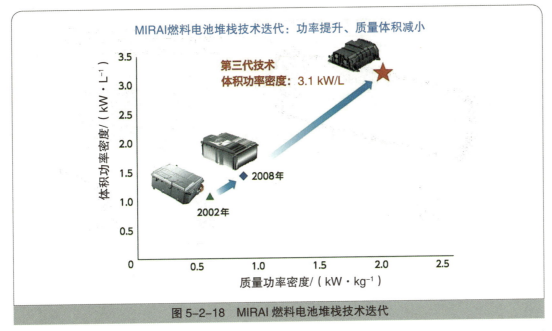

图 5-2-18 MIRAI 燃料电池堆栈技术迭代

由于燃料电池堆栈中每片电池发电的电压在 0.6~0.8 V，整体也不会超过 300 V 电压，因此为了更好地驱动电机，还需要安装一个升压器，将电压提升到 650 V。

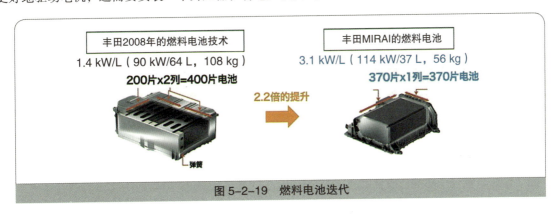

图 5-2-19 燃料电池迭代

3. 高压储氢罐

了解氢气物理特性的人都清楚，氢气跟汽油不同，常温下氢气是气体，密度非常低并且非常难液化，常温下更是无法液化，所以氢气无法像汽油那样直接注入普通油箱里，即氢气要安全储藏和运输并不容易。丰田设计了一大一小两个储氢罐，通过高压的方式尽可能多地充入一些氢气。以目前的主流储存技术，丰田选用了 700 MPa，也就是 700 个标准大气压的高压储氢罐，类似我们常见的"煤气罐"，只不过罐体更厚重。两个储氢罐容量共 122.4 L，采用 700 个标准大气压储存，也只能容纳约 5 kg 的氢气。所以实际上燃料的质量并不大，反而储氢罐特别笨重，如图 5-2-20 所示。

为了在承受 700 个标准大气压的前提下仍旧保持行驶安全性，储氢罐被设计成四层结构，铝合金的罐体内部衬有塑料内胆，外面包裹一层碳纤维强化塑料的保护层，保护层外侧再增加一层玻璃纤维材料的减震保护层，并且每一层的纤维纹路都根据所处罐身位置不同而做了额外的优化，使纤维顺着压力分布的方向，提升保护层的效果。

项目五　燃料电池电动汽车的认知

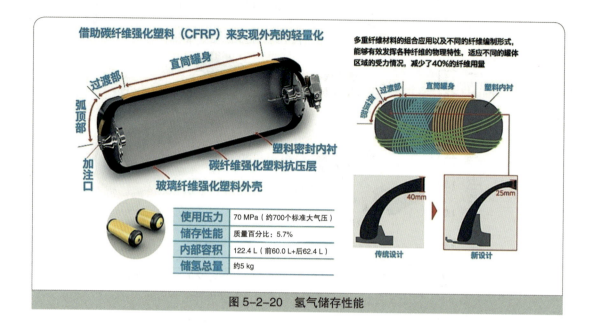

图 5-2-20　氢气储存性能

实训项目　燃料电池电动汽车主要部件识别

（一）工作准备

（1）实习指导教师着装：正常着装。
（2）车辆、台架、总成：燃料电池工作示教板，或燃料电池工作模型。
（3）专用工具、设备：无。
（4）手工工具：无。
（5）辅助材料：无。

（二）实施步骤

（1）做好车辆安全防护，放置好高压安全标识。
（2）分小组，选出小组长，明确组员分工。
（3）搜集燃料电池汽车相关技术资料，做好相应的知识储备。
（4）对照图 5-2-21 的指示，在燃料电池电动汽车实车上找到相对应的部件，并写出它的名称和功能。

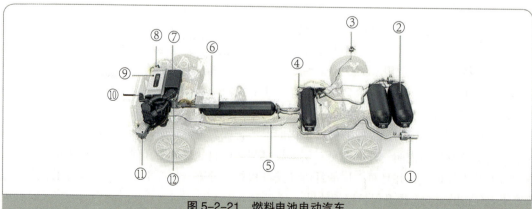

图 5-2-21　燃料电池电动汽车

① 名称：_____；功能：_____。
② 名称：_____；功能：_____。
③ 名称：_____；功能：_____。
④ 名称：_____；功能：_____。
⑤ 名称：_____；功能：_____。
⑥ 名称：_____；功能：_____。
⑦ 名称：_____；功能：_____。
⑧ 名称：_____；功能：_____。
⑨ 名称：_____；功能：_____。
⑩ 名称：_____；功能：_____。
⑪ 名称：_____；功能：_____。
⑫ 名称：_____；功能：_____。

（三）评价与反馈

考核项目	评分标准	分数	学生自评	小组互评	教师评价	小计
团队合作	是否和谐	5				
活动参与	是否积极主动	5				
安全操作	有无安全隐患	10				
现场 6S	是否做到	10				
任务方案	是否正确、合理	15				
操作过程	操作项目完成情况、分析结果	30				
课题完成情况	是否圆满完成	5				
工具和设备使用	是否规范、标准	10				
劳动纪律	是否严格遵守	5				
工单填写	是否完整、规范	5				
总分		100				
教师签名				得分		

练习

一、填空题

1. 以可燃气体为燃料的汽车称为_____。
2. 液化石油气汽车使用的燃料是液化的石油气，是从_____中提炼出来的，主要成分是_____。
3. 醇类燃料按一定的比例与_____混合在一起使用，这有利于增加燃料的_____。
4. 氢气燃烧生成_____，所以氢气汽车是一种真正实现_____的交通工具。

5. 宝马 Hydrogen 7 是一种使用汽油燃料和氢燃料的_____汽车。

二、判断题

1. 压缩天然气汽车使用的燃料的主要成分是甲烷。（   ）
2. 生物燃料最广泛的运用是氢类燃料和生物汽油。（   ）
3. 醇类燃料通常直接用作汽车燃料。（   ）
4. 氢气汽车就是燃料电池电动汽车。（   ）
5. 燃料电池电动汽车是指以氢气或甲醇等为燃料，通过化学反应产生电流，依靠电动机驱动的汽车。（   ）

三、选择题

1. 下列说法正确的是（   ）。
A. CNG 汽车排放物没有污染　　　　　B. LPG 汽车排放物没有污染
C. 氢气汽车排放物没有污染　　　　　D. 以上说法都不对
2. 最广泛运用的生物燃料是（   ）。
A. 醇类燃料　　　B. 生物汽油　　　C. 生物柴油　　　D. 天然气
3. 液化石油气也叫（   ）。
A. E85　　　　　B. 生物燃料　　　C. M85　　　　　D. LPG
4. 对于 CNG 汽车的燃气运输采用（   ）。
A. 油箱　　　　　B. 车用气瓶　　　C. 家用气瓶　　　D. 以上都不对
5. 以下部件属于氢气汽车燃料供给系统的是（   ）。
A. 高压电磁阀　　B. 过滤器　　　　C. 减压阀和压力表　D. 电容器

四、简答题

1. 燃料电池发动机的负载均衡策略是什么？
2. 燃料电池电动汽车动力总成控制算法的实现及验证是什么？
3. 燃料电池电动汽车由哪些基本部件组成？

项目六

电动汽车日常维护安全常识

电动汽车中的主要高压用电部件有电机控制器、充电器、电池包、驱动电机、DC/DC 转换器、高压配电箱（低端车没有）、电动压缩机、电加热器等。引起电动汽车起火的主要原因有电气线路短路、接触电阻过大、过负荷以及电池发热爆炸起火等。在使用时应注意：

（1）充电：车辆充电时应尽量在室外进行，人不可留在车内及周边。充电线路要选择合适的线径，线路敷设应固定安装，要加装短路和漏电保护装置。车辆充电应按照说明书的规定进行，即先将所有线路连接好后再合闸供电。尽量采用慢充而非快速充电方式。

（2）停放：长时间停放应将小蓄电池的电源线拔下来，且不要长时间放置于潮湿、高温、阳光暴晒等环境下。

（3）使用：起动车辆之前（上电之前）检查一下所有的线路连接是否紧固、正确，确保电池电量充足，避免过放电。开车时尽量避免急加速、紧急制动等情况的出现。假如出现撞车等事故，首先要拔下钥匙，切断电源，并远离车辆，再寻求厂家/4S 店的帮助。

（4）检修：自己不要随便进行检修，应到 4S 店让专业的技术人员进行检修。若必须进行，应首先切断电池包的高压输出（一般正规厂家生产的电动车的电池包上都有一个检修开关），操作步骤是：关掉钥匙，拔下检修开关，10 min 后再对车辆的高压部件及线路进行检查。等 10 min 是为了让高压部件中的电容器件放电。

6.1 电动汽车日常维护安全常识

学习目标

1. 掌握电动汽车高压安全常识。
2. 了解电动汽车常用高压绝缘工具。
3. 了解电动汽车 PDI 检测流程。

一、高压车辆上的高压警告标示

电动汽车上高压位置包含高压部件和高压线束，在整车内部的所有高压部件上都标有危险警示

项目六　电动汽车日常维护安全常识

标识，高压线束和高压插头外皮为橙色，如图 6-1-1 所示。橙色线束表示高压线束，高压线束就像燃油汽车的燃油系统一样，它的好坏决定着这辆车的性能和安全问题。

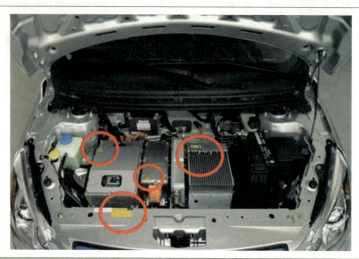

图 6-1-1　车辆上的高压警告标示

1. 高压部件

电动汽车高压部件要求标有高压安全标示，以提醒接触高压部件的人员注意，如图 6-1-2 所示。不仅如此，一旦维修人员误操作拆卸高压插头和高压部件，整车高压互锁装置会立刻反馈给整车控制器，以提出警示。

图 6-1-2　高压安全警示牌

2. 高压线束

纯电动汽车高压线束采用绝缘阻值大于 20 MΩ 的特殊橡胶材料制作（见图 6-1-3），并且线束颜色采用醒目的橙色以提醒接触人员勿碰。

二、电对人体的危害

人体电阻主要是皮肤电阻，人体表皮角质层的电阻很大，在干燥情况下可达到 6~10 kΩ，甚

图 6-1-3　高压线束

至更高，潮湿情况可下降到 1 kΩ。在理论研究中，我们可以把人体本身看作一个大电阻（1 kΩ），当对人体施加一个电压时，便会产生对应的电流，电流的强度和作用时间的长短会对人体造成不同的伤害。从图 6-1-4 中可以看出，当电流强度大于 50 mA、作用时间超过 10 ms 时，会造成人体心室颤动、呼吸困难，危及触电人员安全。若以 800~1 200 Ω 作为人体电阻值，根据欧姆定律：$U=IR$，40~60 V 的电压就可能造成这类危害。

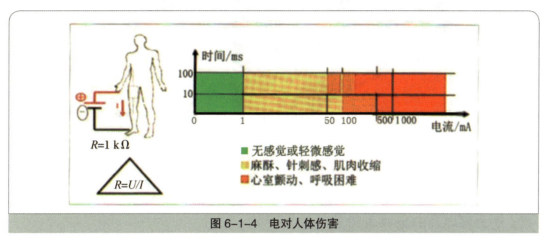

图 6-1-4　电对人体伤害

如之前提到的，电动汽车的电压可高达 600 V 以上，因此，在电动汽车推广的同时，如何保证驾驶人员、乘车人员以及汽车保养与维修人员的安全，是值得关注的话题。在电动汽车安全要求标准 GB/T 18384.3—2001 中，也对电动汽车的电压做了规范定义，标准里将电动汽车的工作电压分为 A、B 两级，如表 6-1-1 所示。

表 6-1-1　电动汽车的工作电压等级划分

工作电压	直流 /V	交流（15~150 Hz）/V
A 级	$0 < U \leq 60$	$0 < U \leq 25$
B 级	$60 < U \leq 1\ 000$	$25 < U \leq 660$

对于 A 级电压，不需要进行触电防护；对于任何 B 级电压电路中的带电部件，都应为接触人员提供防护。

三、电动汽车安全要求标准

GB/T 18384.3—2001 是电动汽车安全要求标准，其分为三部分：车载储能部分、功能安全和故障防护、人员触电防护。标准针对电动汽车的电气安全提出了一系列要求，以保证电动汽车在正常使用情况下的一些可能失效不会对使用者和周围环境造成危害。

电动汽车动力系统一般由高压蓄电池、驱动电机、DC/DC 转换器、DC/AC 转换器等高压部件组成。其结构如图 6-1-5 所示，为了保证高压动力系统的安全性，需从多个方面进行验证。

图 6-1-5　电动汽车高压部件

1. 动力蓄电池的绝缘电阻

对电压 60 V< U ≤ 1 000 V 的动力蓄电池,要求根据 GB/T 18384.3—2001 中的标准方法进行绝缘电阻的计算,得到的绝缘电阻值除以电池的标称电压所得到的值不应小于 100 Ω/V。与之相比,美国工程师协会标准 SAEJ1766 与欧盟的 ECER100 都要求绝缘电阻不小于 500 Ω/V。

动力蓄电池的绝缘测试过程如图 6-1-6 所示。通过图中方式测量动力蓄电池正极与负极对底盘(分不带负载和带负载)的电压,其中,R_0 为一个已知的 100~500 Ω/V 的标准电阻。由此,我们可以计算动力蓄电池绝缘电阻 R_i,即

$$R_i=(V_1-V_2)/V_2 \cdot R_0 \quad (V_1>V'_1)$$

或

$$R_i=(V'_1-V'_2)/V'_2 \cdot R_0 \quad (V'_1>V_1)$$

但从上面也可以看出,如果使用一般的电压表来测量动力蓄电池的电压,要经历较为烦琐的过程,同时结果需人为计算。

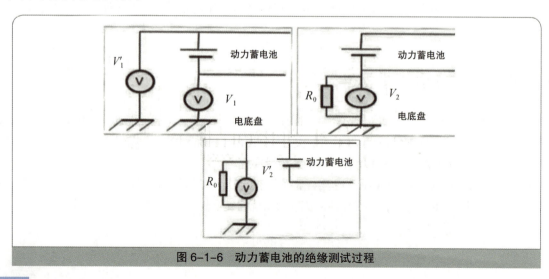

图 6-1-6　动力蓄电池的绝缘测试过程

2. 动力系统的绝缘电阻

对于动力系统绝缘电阻测量，GB/T 18384.3—2001 要求使用一个至少是动力系统标称电压 1.5 倍或者 500 V 电压（两者取其高者）的设备来进行，对绝缘电阻的要求如表 6-1-2 所示。

表 6-1-2　动力系统绝缘电阻的要求

设备	测量阶段最小瞬间绝缘电阻 / ($0.1\,kΩ·V^{-1}$)	测量阶段计算的最小绝缘电阻 / ($0.1\,kΩ·V^{-1}$)
Ⅰ类	0.1	1
Ⅱ类	0.5	5
注：绝缘电阻按照调和的标称电压计算		

3. 绝缘电阻监控

对于电动汽车，因考虑到其高压电的危害性，在车上需要提供绝缘电阻监控系统，依据标准 GB/T 18384.3—2001 中要求，在监测到绝缘电阻小于 1 000 Ω/V 时，电路自动断开。

4. 等电势

为了防止因存在电势差造成的触电危险，在高压组件的外壳或者可导电的外盖等部件之间应该采用导线与车身支架相连的方式，以达到等电势的效果。在欧盟，ECER100 中针对等电势也做出了规定，要求高压组件外壳至车身任一点之间的电阻不大于 0.1 Ω。

四、触电事故和急救措施

1. 触电事故

触电一般是指人体触及带电体时，电流对人体所造成的伤害。电流对人体有两种类型的伤害，即电击和电伤。图 6-1-7 所示为防触电标识。

1）电击

电击是指电流通过人体内部，破坏人的心脏、肺部以及神经系统的正常工作，乃至危及人的生命。在低压系统中，在通电电流较小、通电时间不长的情况下，电流引起人的心室颤动是电击致死的主要原因；在通电时间较长、通电电流较小的情况下，窒息也成为电击致死的原因。图 6-1-8 所示为人体电击示意图。

图 6-1-7　防触电标识

绝大部分触电死亡事故都是由电击造成的。通常说的触电事故基本上是指电击。

按照人体触及带电体的方式和电流通过人体的途径，触电可分为以下三种情况：

项目六 电动汽车日常维护安全常识

（1）单相触电。单相触电是指在地面或其他接地导体上，人体某一部位触及一相带电体的触电事故。大部分触电事故都是单相触电事故。单相触电的危险程度与电网运行方式有关。一般情况下，接地电网的单相触电比不接地电网的危险性大。

（2）两相触电。两相触电是指人体两处同时触及两相带电体的触电事故。其危险性一般是比较大的。

（3）跨步电压触电。当带电体接地有电流流入地下时，电流在接地点周围土壤中产生电压降，人在接地点周围，两脚之间出现的电压即跨步电压，由此引起的触电事故叫跨步电压触电。高压故障接地处或有大电流流过的接地装置附近都可能出现较高的跨步电压。

图 6-1-8 人体电击示意图

2）电伤

电伤是指由电流的热效应、化学效应或机械效应对人体外部造成的局部伤害。电伤多见于机体外部，而且往往会在机体上留下伤痕。电伤与电击相比，危险程度低一些。

电弧烧伤是最常见也是最严重的电伤。在低压系统中，带负荷（特别是感性负荷）拉开裸露的闸刀开关时，电弧可能烧伤人的手部和面部；线路短路，开启式熔断器熔断时，炽热的金属微粒飞溅出来也可能造成灼伤；错误操作引起短路也可能导致电弧烧伤等。

在高压系统中，由于错误操作，会产生强烈的电弧，导致严重的烧伤；人体过分接近带电体，其间距离小于放电距离时，直接产生强烈的电弧，若人当时被打中，虽不一定因电击致死，却可能因电弧烧伤而死亡。电烙印也是电伤的一种。当载流导体长期接触人体时，由于电流的化学效应和机械效应的作用，接触部位皮肤变硬，形成肿块，如同烙印一般，这就叫作电烙印。此外，金属微粒因某种物理化学原因渗入皮肤，可使皮肤变得粗糙而坚硬，导致所谓"皮肤金属化"。电烙印和皮肤金属化都会对人体造成局部伤害。

2. 急救措施

1）急救原则

现场急救的原则是：迅速、就地、准确、坚持。

(1)迅速。动作要迅速,切不可惊慌失措,要争分夺秒、千方百计地使触电者脱离电源,并将触电者移到安全的地方。

(2)就地。要争取时间,在现场(安全地方)就地抢救触电者。

(3)准确。抢救的方法和施行的动作要正确。

(4)坚持。急救必须坚持到底,直至医务人员判定触电者已经死亡再无法抢救时,才能停止抢救。

2)触电急救

(1)发生触电后,应立即使触电者脱离电源,最妥善的方法是立即将电源电闸拉开,切断电源,确保伤者脱离接触电缆、电线或带电的物体。如电源开关离现场太远或仓促间找不到电源开关,则应用干燥的木器、竹竿、扁担、橡胶制品、塑料制品等不导电物品将病人与电线或电器分开,或用木制长柄的刀斧砍断带电电线。分开了的电器仍处于带电状态,不可接触。救助者切勿以手直接推拉、接触或以金属器具接触病人,以确保自身安全。图6-1-9所示为人体触电解救措施。

图6-1-9 人体触电解救措施

(2)若伤者清醒,呼吸、心跳自主,应让病人就地平卧,严密观察,并送附近医院急救。图6-1-10所示为人体触电进行心肺复苏。

图6-1-10 人体触电进行心肺复苏

（3）触电者脱离电源后若意识丧失，救助者应立即进行下一步的抢救：使伤者仰卧在平地或木板上，头向后仰，松解影响呼吸的上衣领口和腰带，立即进行口对口人工呼吸和胸外心脏按压，并要坚持不懈地进行，直到伤员清醒或出现尸僵、尸斑为止。在对伤员进行心肺复苏的同时要设法与附近的医院取得联系，以便为伤员争取到更好的抢救条件。对于雷电击伤的伤员也要采取相同的急救措施。

（4）在等待医疗援助期间，在电进入和穿出的伤口处涂少量的抗菌或烧伤药膏，以防止创面污染，同时使伤者保持仰卧位，脚和腿抬高。

（5）触电者脱离电源后必须立即就地实施抢救，万万不能停止救治而长途送往医院治疗。触电严重者应边送往医院边进行急救且不能停止，一直到交给医生。就地抢救，主要采用人工呼吸或胸外心脏按压法。因此，必须在电气工作人员中普及急救方法，人人都会进行，这样才能实施就地抢救。

（6）急救及护理必须坚持到底，不得停止，直到触电者经医生做出无法救活的诊断后方可停止。实施人工呼吸或胸外心脏按压等抢救方法时，可以几个人轮流进行，但万万不可轻易中断；在送往医院的途中仍必须坚持救护，直至交给医生。抢救中途，如触电者皮肤由紫变红、瞳孔由大变小，证明抢救有效；如触电者嘴唇微动并略有开合或眼皮微动，或嗓内有咽东西的微小动作以致脚或手有抽动等，应注意触电者是否有可能恢复心脏自动跳动或自动呼吸，且应边救护边细心观察。当触电者能自动呼吸时，即可停止人工呼吸，如果人工呼吸停止后，触电者仍不能自己呼吸，则应立即继续进行人工呼吸，直到触电者能自动呼吸并清醒过来。

（7）急救中止的判断准则是触电者经急救而长时间无效，可放弃急救。

（8）电气工作人员应熟练掌握急救措施及其操作技术，并进行模拟性的训练，只有这样才能在紧急关头救活触电者，否则将束手无策。

五、电动汽车高压等级划分

电动汽车安全标准 GB/T 18384.3—2001 中车用线缆只有两个电压等级的产品——60 V 和 600 V，如表 6-1-3 所示。

表 6-1-3　动力蓄电池系统电压等级及对常见四种动力蓄电池组关系列表

序号	标称电压 /V	铝酸串联数	镍氢串联数	钴镍锰锂串联数	磷酸铁锂串联数	主要车型
1	144	72	120	40	45	中度混合动力车 / 纯电动微型车
2	288	144	240	80	90	混合动力乘用车 / 纯电动乘用车
3	320	160	—	—	100	
4	315.6	—	—	96	108	
5	400	240	—	—	120	纯电动商用车
6	576	288	480	160	180	纯电动商用车

目前各种电动车采用主流二次电池，并兼顾了安全、经济、电网电压、现有产品等多方面需求，能够满足电动汽车的一般需要，整车动力蓄电池系统电压等级为：144 V、288 V、320 V、346 V、400 V、576 V。

六、切断车辆高压电的流程

第一步：断开蓄电池负极。
第二步：使用放电工装对拆卸的高压部件进行放电。
第三步：使用万用表确认拆卸的高压部件电压低于 36 V 后，再进行操作。
第四步：确认高压断开后拆卸下高压部件，如是动力蓄电池的问题，则必须断开手动维修开关后再进行操作。

七、高压作业的五项安全规定

1. 断电

关闭点火开关，断开蓄电池负极，拆下手动维修开关。

2. 防止重新连接

妥善保管点火钥匙和维修开关，使用绝缘胶带或绝缘皮套将拆卸的蓄电池负极包裹，避免勿操作或蓄电池负极自动脱离固定架与负极柱连接，造成整车上高压电电伤人。图 6-1-11 所示为拆下铅酸电池负极的操作。

图 6-1-11　拆下铅酸电池负极的操作

3. 确认处于无电状态

断开高压后等待 3 min，使用放电工装对拆卸的高压部件进行放电，用高压万用表确认电压低于 36 V 后再进行维修作业。

4. 接地和短接

充电过程中确认接地线处于正常工作状态，电池正、负极连接可靠。维修过程中避免短接烧蚀故障的发生。

5. 遮盖和阻隔相邻带电部件

拆卸高压部件过程中如需短暂离开，必须使用隔离带进行高压部件隔离，并放置高压提示牌。

八、电动汽车的常见疑问

1. 电动汽车的电池真的会燃烧/爆炸吗

电池燃烧/爆炸有理论可能，但实际使用中很难发生，电池的燃烧需要同时具备可燃物、温度和氧气三个条件。在电池单体、电池模块、电池包、整车的一系列安全设计中，都是极力避免这些条件同时具备。而部分的燃烧事故都是车辆非电池部分导致的燃烧，电动车电池本身起火燃烧甚至爆炸的事故极少发生。图 6-1-12 所示为动力蓄电池安装位置。

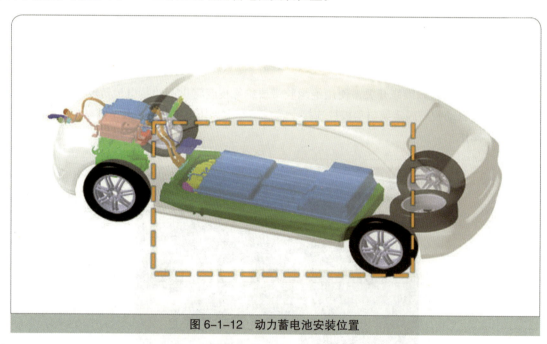

图 6-1-12　动力蓄电池安装位置

2. 电动汽车是否有高压触电的危险

电动汽车的电路系统电压比汽、柴油车型高出很多，如不加以防护，容易造成触电的危险。对于人体来说，心脏的跳动如同内燃机的顺序点火，其需要大脑发出的电信号进行控制。触电会导致信号紊乱，心脏正常工作会受到影响。

电动汽车内的高压线线束通常使用醒目的红色或橘色，没有取得电器维修资质的人员千万不能触碰橘色线束。在高压标示、绝缘防护、电气隔离层多项措施中，腾势电动汽车使用了等电势的方法将各个高压部件均与底盘相连接，消除电压差，这就如同给各设备都接了一条地线，最大限度地起到乘员防护作用。图 6-1-13 所示为动力蓄电池高压线束。

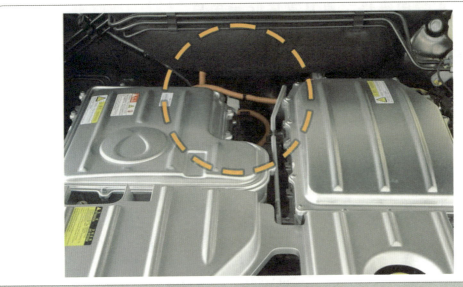

图 6-1-13 动力蓄电池高压线束

3. 电动汽车的辐射是否会危害人体健康

电磁辐射是一个广泛的概念,从核辐射、红外线、可见光到广播电视信号、手机信号、家用电器信号都包含在内。电动汽车产生的辐射与家用电器、手机等常见产品产生的辐射都属于非电离辐射。

低于 100 kHz 的辐射难以形成有效的电磁能量辐射,其微弱的电场和磁场分开作用于人体,频率更高的电磁辐射才会产生热效应,如打电话时,面部可能产生轻微热量,如图 6-1-14 所示。通过测试得出电动汽车热辐射水平远低于家用电器的辐射水平,日常使用较多的笔记本电脑和微波炉的辐射强度比电动汽车高出 2 倍。

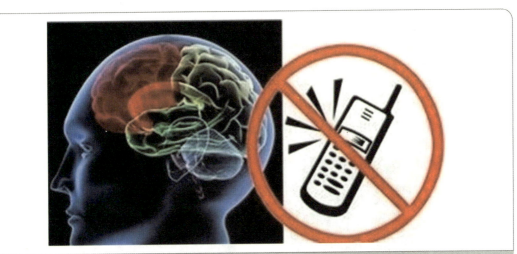

图 6-1-14 电磁辐射对人体的伤害

九、电动汽车常用绝缘工具及高压防护用品

1. 高压万用表

1）介绍

绝缘万用表是一种合万用表与绝缘表为一体的多用途电子测量仪器，可以测量电流、电压、电阻、二极管、三极管、频率及绝缘等。绝缘万用表如图 6-1-15 所示。

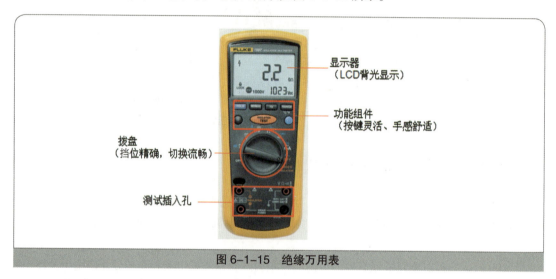

图 6-1-15　绝缘万用表

2）使用说明

（1）左侧两个插孔用来测试绝缘，右侧两个插孔用来实现万用表功能。

（2）A－V－Ω 表示可测量电流、电压及电阻，"~"表示测量交流，"—"表示测量直流。

（3）数字绝缘测试方面，选用 5 种电源（分别是 50 V、100 V、250 V、500 V 和 1 000 V 电源）进行绝缘测试，其量程为 0.01 MΩ~2 GΩ。

（4）电压分辨率 0.1 mV，可测最大交/直流电压 1 000 V；电流分辨率 0.01 mA，可测最大交/直流电流 400 mA；电容分辨率 1 nF，可测最大电容 9 999 μF；频率分辨率 0.01 Hz，可测最大频率 100 kHz。

图 6-1-16 所示为绝缘万用表插口及挡位。

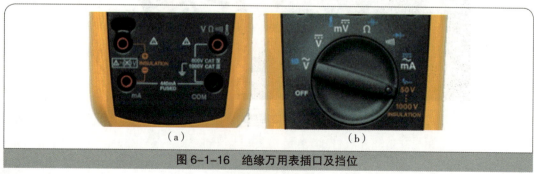

图 6-1-16　绝缘万用表插口及挡位
（a）插口；（b）挡位

3）使用注意事项

（1）在使用绝缘万用表的过程中，不能用手去接触表笔的金属部分，一方面可以保证测量的准确，另一方面可以保证人身安全。

（2）在测量某一电量时，不能在测量的同时换挡，尤其是在测量高压或大电流时更应注意，否则会使绝缘万用表毁坏。如需换挡，应先断开表笔，换挡后再去测量。

（3）均匀万用表在使用时，必须水平放置，以免造成误差。同时，还要注意避免外界磁场对绝缘万用表的影响。

（4）绝缘万用表使用完毕，应将转换开关置于"OFF"挡，拔掉测试线。如果长期不使用，还应将绝缘万用表内部的电池取出来，以免电池腐蚀表内其他器件。

（5）电压在 42 V AC（交流）峰值或 60 V DC（直流）以上时应格外小心。这些电压有造成触电的危险。

（6）屏幕出现电池低电量指示符时，应尽快更换电池。

（7）测试电阻、连通性、二极管或电容以前，必须先切断电源，并将所有的高压电容器放电。

（8）禁止在雷电时或高压设备附近测绝缘电阻，只能在设备不带电且没有感应电的情况下测量。

（9）测量设备的绝缘电阻时，还应记下测量时的温度、湿度、被试物的有关状况等，以便对测量结果进行分析。

（10）对于动力系统绝缘电阻测量，GB/T 18384.3—2001 要求使用一个至少是动力系统标称电压 1.5 倍或者 500 V 电压（两者取其高者）的设备来进行测量。

2. 动力蓄电池均衡测试仪

1）介绍

PBC-012CD 电池充放电仪是一种便携式锂电池充放电维护设备。它具有串联电池模块，单体电池并充并放功能，能够自动平衡模块内单体之间的电压（容量）。只要设置好充放电电流、最高充电电压、最低放电电压等参数，设备就会自动运行，显示屏上面直接显示电池电压、电流、安时容量等参数。图 6-1-17 所示为动力蓄电池均衡测试仪。

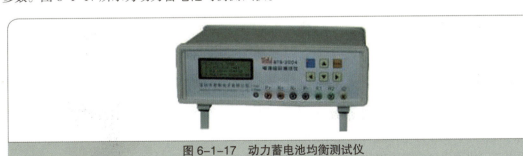

图 6-1-17　动力蓄电池均衡测试仪

2）设备使用注意事项

（1）此设备无特定的安装要求，但是应注意使用环境。

（2）不得在可燃物附近使用，否则有发生火灾的危险。

（3）不得在易燃易爆气体的环境中使用，否则有发生爆炸的危险。

（4）不得安装在水管等水滴飞溅的场合，否则有损坏电池充放电仪的危险。

（5）不要将螺钉、垫片及金属棒之类的金属物掉进电池充放电仪内部，否则有发生火灾、损坏电池充放电仪的危险。

（6）切断电源后的一段时间内，内部仍然存在危险的高压，切勿打开盖板或触摸接线端子。

（7）配线前，应确认输入电源是否处于完全断开的状态，否则有触电的危险。

（8）必须由电气专业工程人员进行配线作业，否则有触电的危险。

（9）务必保证设备接地的可靠性，否则有触电的危险。

（10）不得随意将任何端子短接。

（11）作业时必须使用符合绝缘要求的服装及工具。

3. 高压放电测试仪

放电工装的作用是使带电的物体不带电。放电工装实物如图 6-1-18 所示。放电并不是消灭了电荷，而是引起电荷的转移，正、负电荷抵消，使物体不显电性。因为新能源汽车内部有些电器元件（主要指电容）在拔开高压插头后还继续带电，误操作时可能会对人体有伤害。所以，在拔下高压端子后，直接用放电工装进行放电确认后，再进行测量能确保维修人员的安全，如图 6-1-19 所示。

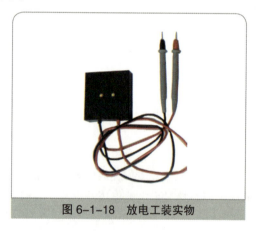

图 6-1-18　放电工装实物

图 6-1-19　放电工装使用方法

4. 钳形电流表

1）介绍

通常测量电流时，需要将电路切断停机后才能将电流表接入进行测量，而钳形电流表可以在不切断电路的情况下测量电流。钳形电流表是由电流互感器和电流表组合而成的，如图 6-1-20 所示。电流互感器的铁芯在捏紧扳手时可以张开；被测电流所通过的导线不必切断就可穿过铁芯张开的缺口，当放开扳手后铁芯闭合。

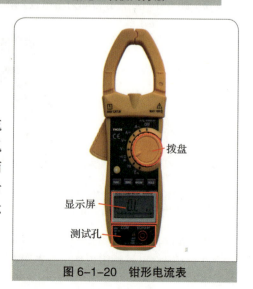

图 6-1-20　钳形电流表

2）使用方法

钳形电流表的使用方法如图 6-1-21 所示。

（1）首先正确选择钳形电流表的电压等级，检查其外观绝缘是否良好、有无破损，指针是否摆动灵活，钳口有无锈蚀等。

（2）测量时一定要夹入一根被测导线，夹入两根（平行线）则不能检测电流。

（3）钳形电流表本身精度较低，在测量小电流时，可采用下述方法：先将被测电路的导线绕几圈，再放到钳形电流表的钳口内进行测量。此时钳形电流表所指示的电流值为实际电流值与导线缠绕圈数的乘积。

（4）测量电流步骤：将开关旋至 1 000 A 挡，按下扳机打开钳口，钳住一根导线，读取数值，如果读数小于 200 A，则开关旋至 200 A 挡，以提高准确度。

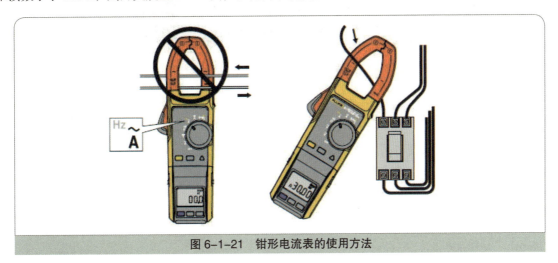

图 6-1-21　钳形电流表的使用方法

3）使用注意事项

（1）测量前应估计被测电流的大小，选择合适的量程，在不知道电流大小时，应选择最大量程，再根据读数适当减小量程，但不能在测量时转换量程。

（2）为了使读数准确，应保持钳口干净无损，如有污垢，应使用汽油擦洗干净后再进行测量。

（3）钳形电流表不能测量裸导线电流，以防触电和短路。

（4）用钳形电流表测量高压时，应由两人操作，测量时应戴绝缘手套，站在绝缘垫上，不得触及其他设备，以防止短路或接地。

（5）维修时不要带电操作，以防触电。

（6）钳形电流表使用完毕，应将转换开关置于"OFF"挡，拔掉测试线。如果长期不使用，还应将钳形电流表内部的电池取出来，以免电池腐蚀表内其他器件。

5. 高压拆装绝缘工具

绝缘安全工具又分为基本安全工具和辅助安全工具。基本安全工具是指绝缘强度大，能长时间承受工作电压的安全工具，它一般用于直接操作带电设备或接触带电体进行某些特定的工作。图 6-1-22 所示为高压绝缘组合工具。

图 6-1-22　高压绝缘组合工具

6. 电动汽车故障诊断系统使用

电动汽车故障诊断系统与燃油汽车厂家提供的车辆诊断仪相同。故障诊断系统的综合诊断功能包括：读取 ECU 信息，故障码分析，数据流分析，数据流冻结帧，元件执行，计算机编程、匹配、设定和防盗等。诊断仪功能如表 6-1-4 所示。

表 6-1-4　诊断仪功能

功能图标	功能名称	功能描述
	主界面	BDS 汽车无线诊断系统主界面，介绍与描述产品性能和品牌
	汽车智能诊断系统	汽车无线诊断系统的核心功能，它提供了简易而专业的汽车综合诊断功能，包括读取 ECU 信息，故障码分析，数据流分析，数据流冻结帧，元件执行，计算机编程、匹配、设定和防盗等功能
	系统设定	汽车无线诊断系统的系统设定功能，它提供多种功能操作模式、连接方式、公英制单位切换和语言选择等功能，从而丰富用户体验
	软件管理	产品软件管理，用于甄别汽车诊断软件的版本信息，以便客户升级软件；用于客户管理汽车诊断车型软件；用于注册用户信息，以加强用户的安全性，以及客户打印测试报告时显示用户信息
	系统退出	安全退出 BDS 系统

1）诊断仪使用方法

第一步：下载安装厂家提供的故障诊断软件。北汽软件名称为 BDS，图 6-1-23 所示为诊断软件安装界面。

图 6-1-23 诊断软件安装界面

第二步：启动计算机桌面上的 BDS 故障诊断软件。图 6-1-24 所示为诊断软件主界面。

图 6-1-24 诊断软件主界面

第三步：进入需要诊断的控制单元，读取故障码。图 6-1-25 所示为诊断软件读故障信息界面。

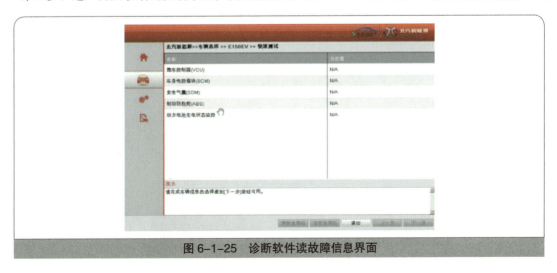

图 6-1-25 诊断软件读故障信息界面

第四步：单击返回按钮到诊断仪主界面退出程序。图 6-1-26 所示为诊断软件故障信息显示界面。

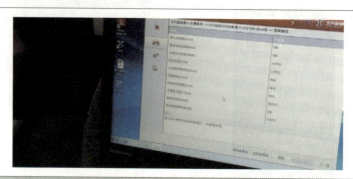

图 6-1-26　诊断软件故障信息显示界面

7. 高压安全防护穿戴装备

电动汽车的维修需要专业人员，同时专业人员需穿戴高压安全防护装备。电动汽车维护常用到的穿戴设备主要有绝缘手套、电绝缘鞋、安全帽、护目镜，如图 6-1-27 所示。

图 6-1-27　高压安全防护用品

1）绝缘手套

绝缘手套是用天然橡胶制成，用绝缘橡胶或乳胶经压片、模压、硫化或浸模成型的五指手套，如图 6-1-28 所示，主要用于带电作业中的个体防护。

使用注意事项：使用前必须进行充气检验，发现有任何破损则不能使用；作业时应将衣袖口套入筒口内，以防发生意外；使用后应将内外污物擦洗干净，待干燥后撒上滑石粉放置平整，以防受压受损，切勿放地上；应储存在干燥通风处，

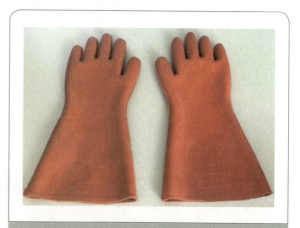

图 6-1-28　绝缘手套

远离热源，离开地面和墙壁 20 cm 以上，避免受酸、碱、油等腐蚀物质的影响；使用 6 个月后必须进行预防型试验，如果试验结果不合格要立即报废，不可降低其标准使用。

2）电绝缘鞋

电绝缘鞋就是使用绝缘材料制定的一种安全鞋，属于辅助安全工具，如图 6-1-29 所示。根据新标准要求，电绝缘鞋外底的厚度不含花纹不得小于 4 mm，花纹无法测量时，厚度不应小于 6 mm。在每双鞋的帮面或鞋底上应有标准号、电绝缘字样（或英文 EH）、闪电标记和耐电压数值等。

图 6-1-29　电绝缘鞋

使用注意事项：应根据作业场所电压高低正确选用绝缘鞋，低压绝缘鞋禁止在高压电气设备上作为安全辅助用具使用，高压绝缘鞋（靴）可以在高压和低压电气设备上作为安全辅助用具使用；布面绝缘鞋只能在干燥环境下使用，避免布面潮湿；绝缘鞋（靴）的使用不可有破损；用绝缘靴时，应将裤管套入靴筒内；在购买绝缘鞋（靴）时，应查验鞋上是否有绝缘永久标记，如红色闪电符号等；鞋内是否有合格证、安全鉴定证、生产许可证编号等；购进绝缘鞋新品后应进行交接试验，电绝缘鞋在穿用 6 个月后，应做一次预防性试验，对于因锐器刺穿不合格品，不得再作为绝缘鞋使用。

存放及运输：在运输过程中必须有遮盖物以防雨淋，不得与酸碱类或其他腐蚀性物品放在一起；应储存在干燥通风的仓库中，防止霉变。堆放离开地面和墙壁 20 cm 以上，离开一切发热体 1 m 以外。避免受油、酸碱类或其他腐蚀品的影响；储存期限一般为 24 个月（自生产日期起计算），超过 24 个月的产品需逐只进行电性能预防性检验，只有经过预防性试验且合格的电绝缘鞋方可使用。

3）安全帽

安全帽是防止冲击物伤害头部的防护用品，如图 6-1-30 所示。安全帽由帽壳、帽衬、下颊带和后箍组成。帽壳呈半球形，坚固、光滑并有一定弹性，打击物的冲击和穿刺动能主要由帽壳承受。帽壳和帽衬之间留有一定空间，可缓冲、分散瞬时冲击力，从而避免或减轻对头部的直接伤害。安全帽上如标有"D"标记，表示安全帽具有绝缘性。

项目六 电动汽车日常维护安全常识

图 6-1-30 安全帽

使用注意事项：使用之前应检查安全帽的外观是否有裂纹、碰伤痕迹、凸凹不平、磨损，帽衬是否完整，帽衬的结构是否处于正常状态；使用者不能随意在安全帽上拆卸或添加附件，以免影响其原有的防护性能；使用者不能随意调节帽衬的尺寸，否则会影响安全帽的防护性能；佩戴者在使用时一定要将安全帽戴正、戴牢，不能晃动，要系紧下颚带以防安全帽脱落；不能私自在安全帽上打孔，不要随意碰撞安全帽，不要将安全帽当板凳坐，以免影响其强度；经受过一次冲击或做过试验的安全帽应作废，不能再次使用。

储存使用：安全帽不应储存在酸、碱、高温、日晒、潮湿等处所，更不可和硬物放在一起。应注意在有效期内使用安全帽，植物枝条编织的安全帽有效期为 2 年，塑料安全帽的有效期限为 2 年半，玻璃钢（包括维纶钢）和胶质安全帽的有效期限为 3 年半，超过有效期的安全帽应报废。

4）护目镜

护目镜如图 6-1-31 所示，可以避免辐射光对眼睛造成伤害。在电动汽车维修中主要在拆卸和安装高压部件时使用。

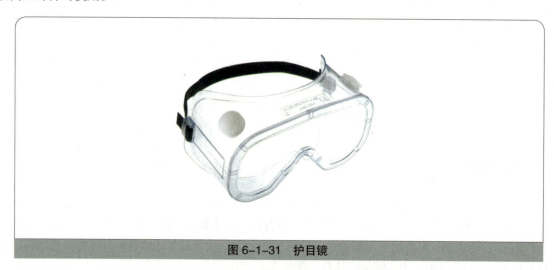

图 6-1-31 护目镜

注意事项：护目镜要选用经产品检验机构检验合格的产品；护目镜的宽窄和大小要适合使用者的脸型；镜片磨损粗糙、镜架损坏，会影响操作人员的视力，应及时调换；护目镜要专人使用，防止传染眼病；焊接护目镜的滤光片和保护片要按规定作业需要选用和更换；防止重摔重压，防止坚硬的物体摩擦镜片和面罩。

存放护目镜时，镜片应以朝向不易被刮伤、手不易碰触、不易被污染的方向妥善保管为原则。镜片应随时保持清洁，手指不可碰触，以免影响视线。

实训项目　电动汽车 PDI 检测

（一）工作准备

（1）实习指导教师着装：正常着装。
（2）电动汽车。
（3）专用工具、设备：无。
（4）手工工具：无。
（5）辅助材料：实训指导书/工单。

（二）实施步骤

（1）做好车辆安全防护，放置好高压安全标识。
（2）分小组，选出小组长，明确组员分工。
（3）搜集燃料电池电动汽车相关技术资料，做好相应的知识储备。
（4）参照下表的内容进行电动汽车 PDI 检测，并记好记录。

※ 以下项目，请在检查结果处打√。

检查项目	检查内容	确认结果
A 前机舱内检查		
1.整体目视检查	前机舱中的部件有无渗漏及损伤	正常□ 维修□
2.冷却液液位	液位应在 max~min	正常□ 维修□
3.制动液	储液罐及软管有无漏油或损伤，液位应在 max~min	正常□ 维修□
4.蓄电池	状态、电压，蓄电池接线螺栓是否紧固	正常□ 维修□
5.线束/配管	不干涉，不松动（注意：橘黄色电线为高压线，请勿触动）	正常□ 维修□
6.DC/DC	DC/DC 链接端口链接正常；DC/DC 负极与车身搭铁螺丝紧固正常	正常□ 维修□

续表

※ 以下项目，请在检查结果处打√。

检查项目	检查内容	确认结果
B 车身功能检查		
1. 遥控器及钥匙	遥控器及机械钥匙可以有效锁闭及开启5门，锁闭后后视镜收起，闪烁灯	正常□ 维修□
2. 车门窗	4个车窗的玻璃升降正常	正常□ 维修□
3. 主驾和副驾座椅	座椅调节正常，安全带拉伸及锁闭正常	正常□ 维修□
4. 仪表盘各项指示灯	打火后的各项检测指示灯数秒后正常熄灭	正常□ 维修□
5. 电量	90%~100% 为合格	正常□ 维修□
6. 导航仪及收音机	使用正常	正常□ 维修□
7. 转向盘	上下调节正常，喇叭正常，媒体调节按钮使用正常	正常□ 维修□
8. 照明灯光	远光灯、近光灯、雾灯、行李厢灯、光束调节系统使用正常	正常□ 维修□
9. 指示灯光	转向灯、警示灯、制动灯、倒车灯、牌照灯、示廓灯使用正常	正常□ 维修□
10. 空调	制冷和制热正常，风量调节正常，各出风口正常	正常□ 维修□
11. 后视镜	两侧及车内后视镜是否正常调节	正常□ 维修□
12. 天窗，车内灯	天窗开关正常，车内灯使用正常	正常□ 维修□
13. 遮阳板及化妆镜	使用正常	正常□ 维修□
14. 机舱盖，充电口盖	开启正常	正常□ 维修□
15. 倒车雷达	使用正常	正常□ 维修□
16. 车门	用钥匙从外侧将车门打开，是否正常	正常□ 维修□

6.1 电动汽车日常维护安全常识

续表

※ 以下项目，请在检查结果处打√。

检查项目	检查内容	确认结果
C 基本检查		
1. 外观检查	表面（全车漆面、前后风挡、左右车窗、前后车灯、车顶装饰条）无损伤；各项车贴及车标粘贴正常	正常□ 维修□
2. 轮胎	胎压正常，表面无明显损伤，轮毂未生锈	正常□ 维修□
3. 内饰检查	内饰无损伤，无脏污，车内（门内侧、门框、转向盘、仪表台、挡位、中央扶手箱、座椅、地毯、车顶）无杂物	正常□ 维修□
4. 铭牌及随车资料	铭牌有粘贴；400 贴纸； 随车资料（导航手册）齐全，资料信息与车辆一致	正常□ 维修□
5. 随车工具	随车工具齐全（三角警示板、备胎、工具三件套、千斤顶）	正常□ 维修□
6. 数据采集终端	平台是否可以监控	正常□ 维修□
7. 充电口盖	内外充电口盖开关正常工作	正常□ 维修□
8. 刮水器	喷水器正常，前后刮水器刮水正常	正常□ 维修□

（5）外观损伤位置标示图

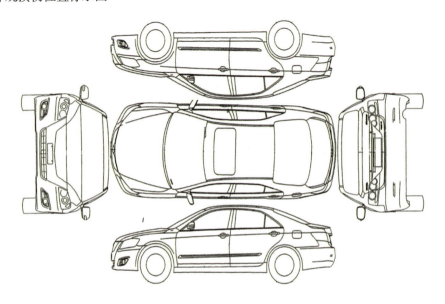

项目六 电动汽车日常维护安全常识

（三）评价与反馈

考核项目	评分标准	分数	学生自评	小组互评	教师评价	小计
团队合作	是否和谐	5				
活动参与	是否积极主动	5				
安全操作	有无安全隐患	10				
现场6S	是否做到	10				
任务方案	是否正确、合理	15				
操作过程	操作项目完成情况、分析结果	30				
课题完成情况	是否圆满完成	5				
工具和设备使用	是否规范、标准	10				
劳动纪律	是否严格遵守	5				
工单填写	是否完整、规范	5				
总分		100				
教师签名				得分		

一、选择题

1. A类直流工作电压范围是（　　）。
   A. $0 < U \leq 60$ V　　　　　　　　　B. 60 V $< U \leq 120$ V
   C. 120 V $< U \leq 180$ V　　　　　　D. 180 V $< U \leq 240$ V

2. B类直流工作电压范围是（　　）。
   A. $0 < U \leq 60$ V　　　　　　　　　B. 60 V $< U \leq 120$ V
   C. 120 V $< U \leq 180$ V　　　　　　D. 60 V $< U \leq 1\ 000$ V

3. GB/T 18384.3—2001是电动汽车安全要求标准，其分为三部分：车载储能部分、功能安全和故障防护、（　　）。
   A. 驱动电机防护　　B. 动力蓄电池防护　　C. 人员触电防护　　D. 行驶安全防护

4. 电伤是指由（　　）的热效应、化学效应或机械效应对人体外部造成的局部伤害。
   A. 电压　　　　　　B. 电流　　　　　　　C. 电阻　　　　　　D. 电容

5. 发生触电后，应立即使触电者脱离电源，最妥善的方法是（　　），切断电源，确保伤者脱离接触电缆、电线或带电的物体。
   A. 立即拨打119电话　　　　　　　　　B. 立即上前施救
   C. 立即找人帮助　　　　　　　　　　　D. 立即将电源电闸拉开

二、简答题

1. 电对人体有哪些危害?
2. 怎么进行触电事故急救措施?
3. 目前大众对电动汽车的常见疑问有哪些?
4. 高压万用表的使用注意事项有哪些?

参 考 文 献

[1] 王庆年，曾小华．新能源汽车关键技术［M］．北京：化学工业出版社，2017．

[2] 崔胜民．全面解析纯电动汽车、增程式汽车、混合动力汽车、燃料电池汽车的结构原理和关键技术［M］．北京：化学工业出版社，2016．

[3] ［日］石川宪二．新能源汽车技术及其未来［M］．康龙云，余开江，译．北京：科学出版社，2016．

[4] 胡允达，雷跃峰，王辉．汽车新能源运用技术［M］．长春：吉林大学出版社，2016．

[5] 赵胜全．新能源汽车运用技术［M］．天津：天津科学技术出版社，2014．